ココミル
cocomiru

大阪

道頓堀グリコサイン

道頓堀戎橋上から

道頓堀では最も古株のグリコ看板、現在は6代目(P64)

大阪でしたい

ベタコテエリア 1 道頓堀で ド派手看板ウォッチング

くいだおれ太郎さん

中座くいだおれビル

道頓堀一のオトコマエ!? 記念撮影は順番に並んで～ (P65)

© cui-daore

大たこ

たこ家 くくる 道頓堀本店

人気たこ焼店の巨大タコは目が光る！(P64)

かに

かに道楽 道頓堀本店

かにすきにしたら 約1万6000人前ってホント？(P64)

楽しいガムボールマシーンもゲット！(P45)

2 ユニバーサル・スタジオ・ジャパンのスケールに大興奮！

ハチャメチャなミニオンに会いに

ミニオン・パーク

バナナが大好きな謎の生き物たちがパークを侵食中！(P44)

ミニオン・クッキーサンドなどフードもチェック(P44)

ザ・フライング・ダイナソー

絶叫系アトラクションにもトライ

プテラノドンに背中をつかまれ、大空にぶっ飛べ！(P39)

10のこと

コテコテのお笑い、安うまグルメ、大人気テーマパーク！いろんな顔をもつ大阪、さあどこから見てまわりましょうか。

ゲームの世界を等身大で！

2024年春、ドンキーコングが仲間入り(P38)

SUPER NINTENDO WORLD

ウィザーディング・ワールド・オブ・ハリー・ポッター

ハリー・ポッターの魔法界へ

ホグワーツ城内ではみんな魔法使いに見える？(P39)

たこ焼

食べ歩きといえば まずはコレ！

ねぎがたっぷりのった「たこ焼道楽わなか千日前本店」のたこ焼（P19）

自分で焼くスタイルの店もあるのでチェック！（P16）

お好み焼

粉もんグルメの王様

老舗の味

長年愛され続ける逸品

「自由軒 難波本店」の名物カレー（P22）

食いだおれの街で 大阪グルメ3を満喫

大阪みやげの定番！「551HORAI」の豚まん（P34）

豚まん

大阪人のみやげといえばコレ！

新世界の老舗「だるま」で激戦区の味を確かめて（P86）

串カツ

下町ソウルフードとして愛される

大阪のうまい、ここにあり

うどん

深い味わいのだしが主役の大阪うどん。「道頓堀今井」（P26）

スイーツ

話題のテイクアウトスイーツもチェック♪

行列のできる「りくろーおじさんの店」の焼きたてチーズケーキ（P126）

梅田で人気の「元祖大阪梅田ミックスジュース」（P35）

4 ランドマークから大阪の街を眺める

あべのハルカス

超高層ビルのてっぺんから市内を一望（P88）

あべのハルカスのキャラクター・あべのべあのグッズも人気（P88）

梅田スカイビル

173m

2棟が連結した独特の建築が、世界中で大人気！（P96）

通天閣

新世界にそびえ立つ、大阪人のソウルタワー（P84）

通天閣のビリケンさん（P84）

大阪城

天守閣展望台から街を見渡せば、気分は太閤秀吉（P110）

5 笑いの殿堂で生芸に大笑い

笑いの殿堂・なんばグランド花月の名物、吉本新喜劇（P68）

劇場内にはグルメやグッズショップが集まる（P69）

世界最大の魚・ジンベエザメが泳ぐ「太平洋」水槽（P114）

かわいいワモンアザラシも人気（P114）

6 海遊館のジンベエザメに驚く

環太平洋のいろんな生き物に会える（P114）

7 アート&レトロ建築めぐり

2021年に誕生したばかりの「中之島美術館」（P48）

カフェ「北浜レトロ」でアフタヌーンティーを楽しもう（P51）

水辺の公園に赤煉瓦が映える「大阪市中央公会堂」（P50）

「太陽の塔 洋菓子店」のクッキー、タイヨウノカンカン（P58）

カラフルな「メルシー マシェリ」のマドレーヌ（P100）

万博記念公園に堂々立つ、70年万博のレガシー（P116）

8 話題の大阪みやげをGET!

「五條堂 肥後橋店」のフルーツパフェ大福（P124）

9 太陽の塔の斬新さに感動！

長年愛される「純喫茶アメリカン」（P32）

10 レトロ喫茶&カフェで癒やしの時間

「JTRRD」のザ・大阪なスムージー（P30）

大阪ってこんなところ

エリアごとに強烈な個性を持つ大阪の街。
どのエリアもそれぞれに魅力いっぱいです。

大阪の中心街、キタとミナミをおさえましょう

大阪市内中心部では、まず「キタ」と「ミナミ」に大きく分かれます。JR大阪駅を中心とする「キタ」には百貨店やファッションビルなどが多く、地下鉄なんば～心斎橋駅周辺の「ミナミ」には、観光としても楽しめる食・買・遊が集まります。ミナミからさらに南下すると、通天閣やあべのハルカスのある新世界・天王寺。ユニバーサル・スタジオ・ジャパンは西側のベイエリアにあります。

観光の前に情報集め

絶対見たいスポットが決まったら、その周辺情報をチェック。ちょっと寄り道して食べたいグルメ、開催中のイベントなども事前にチェックして、スケジューリングを。

問合せ 大阪観光局　https://www.osaka-info.jp/

大阪アクセスMAP

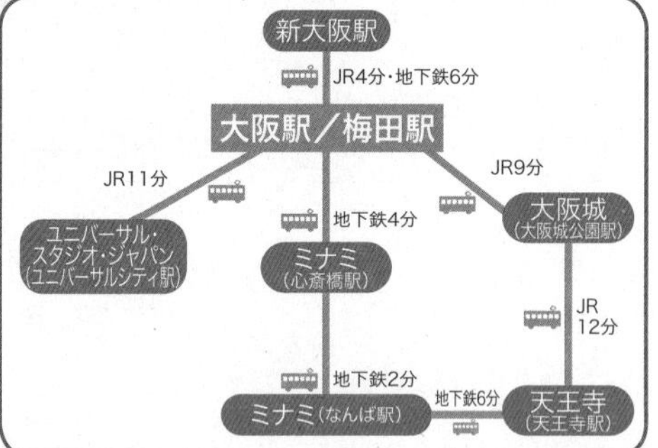

きた（おおさかえき・うめだしゅうへん）

1 キタ（大阪駅・梅田周辺）

・・・P94

大阪の玄関口。複合ビルや百貨店が並ぶ都会派エリアで、おみやげなどのショッピングや、グルメも充実。

◀JR大阪駅すぐにそびえるグランフロント大阪（P99）

兵庫県
尼崎市
阪神電鉄本線
阪神なんば線
淀川

▲複合施設も入る広大なJR大阪駅構内

2 ユニバーサル・スタジオ・ジャパン
JR桜島線（ゆめ咲線）
ユニバーサル・スタジオ・ジャパン
ユニバーサルシティ
安治川
阪神高速4号湾岸線
海遊館・
大阪港
N
0　2km

ゆにばーさる・すたじお・じゃぱん

ユニバーサル・スタジオ・ジャパン 2

・・・P37

絶対に見逃せない、大阪屈指のエンターテイメントテーマパーク！ 体をめいいっぱい使って遊ぶ「スーパー・ニンテンドー・ワールド」、「ハリー・ポッター」エリアと人気エリア満載。

▲ミナミにはたこ焼店など名物グルメ店が多く集まる

▲大きく派手な看板が並ぶ道頓堀川

みなみ（しんさいばし・どうとんぼり・なんば）

ミナミ（心斎橋・道頓堀・なんば） 3

・・・P61

巨大看板が並ぶ道頓堀は、大阪を代表する風景。心斎橋周辺はオシャレなショッピングエリア。

▲てんしば（P91）からあべのハルカスを背景に撮影を

てんのうじ・しんせかい

天王寺・新世界 4

・・・P82

通天閣をはじめ、コテコテの商店街・新世界と南大阪の玄関口・天王寺。あべのハルカスも必訪！

▲なにわのソウルタワー・通天閣（P84）

1日目

出発ー!

10:00 JR大阪駅

大阪駅から、旅が始まります。まずは地下鉄梅田駅へ移動、御堂筋線でなんば駅へ

10:30 道頓堀

巨大看板ひしめく道頓堀。「かに道楽 道頓堀本店」(☞P64)のカニ、ほんとに大きい!

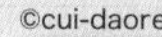

こちらも道頓堀の有名人、「中座くいだおれビル」のくいだおれ太郎さん(☞P65)

11:30 お好み焼ランチ

ランチはお好み焼。トロトロの生地がたまらない「道頓堀美津の」(☞P17)の山芋焼

優雅にクルーズ

腹ごなしに船遊びを。「とんぼりリバークルーズ」(☞P78)で道頓堀川を西へ、東へ

14:00 なんば

お笑いの殿堂「なんばグランド花月」(☞P68)へ。もちろん前売はゲットしてあります

吉本新喜劇で大笑い!TVでおなじみの芸人さんも出演、渾身の演技を見せてくれます

アツアツやで〜!

劇場近くの「たこ焼道楽わなか千日前本店」(☞P19)は、芸人さんも御用達の超人気店!

17:30 アメリカ村

アメリカ村は古着とサブカルの町。名物スイーツを片手にポップで刺激的な散策を(☞P70)

名物メニュー!

なんば駅へ向かう途中にある、オムライスの名店「北極星 心斎橋本店」(☞P22)で洋食ディナー。

19:30 あべのハルカス

高さ約300mの超高層複合ビル・あべのハルカスの展望台へ。圧倒的な夜景!(☞P88)

21:00 ホテルに宿泊

あべのハルカス内の大阪マリオット都ホテル(☞P134)で、夜景に包まれて就寝

1泊2日、とっておきの大阪の旅

思わず笑ってしまうコテコテの風景から、
昔ながらの情緒ある街並み、最旬スポットまで、
行く先々で出合うおいしいモノに目移りしながら歩いてみましょう。

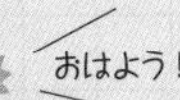

おはよう！

10:00 新世界・通天閣

通天閣のお膝元、新世界（☞P84）にやって来ました。下町ムードがおもしろい！

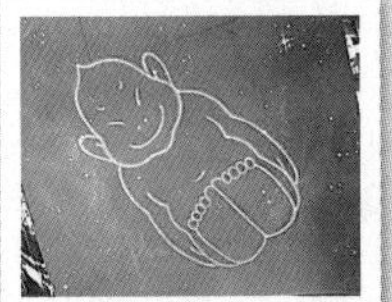

通天閣に上ろうとしたら、エレベーターの天井でビリケンさんが迎えてくれました

地上87.5m！

通天閣5階の黄金の展望台へ！ビリケンさんも鎮座する絶景のパワースポットです

11:30 串カツランチ

さて、ランチは串カツ。1本100円～の気軽さでサクサクいける「八重勝」（☞P20）

昭和レトロ♪

「スマートボールニュースター」（☞P85）へ。昭和のアナログ版パチンコで楽しもう！

14:00 鶴橋

JR環状線で鶴橋駅へ。焼肉の名店（☞P28）も立ち並び、韓国旅気分も味わえます

大阪コリアタウン（☞P52）を散策しながら、韓国風カフェでゆっくりカフェタイム♪

15:30 大阪城

大阪のシンボル、大阪城天守閣（☞P110）へ。展望台からの眺めは最高！

大阪城の内濠を遊覧する観光船「御座船」でお殿様気分を堪能しましょう（☞P112）

17:00 JR大阪駅

大阪駅に戻り、阪神梅田本店（☞P128）のデパ地下でおいしそうなお菓子を発見

最後に阪神梅田本店で名物グルメ・いか焼き（☞P35）を。これで食いだおれツアー完了！

18:00 新大阪駅

新大阪駅に到着。新幹線に乗る前にかけこみでみやげ探しを（☞P130）

ユニバーサル・スタジオ・ジャパンなら まる1日遊べます（☞P37）

ドンキーコングが仲間にさらにパワーアップ！

2024年春、スーパー・ニンテンドー・ワールドがドンキーコングをテーマにしたエリアを拡張。あらたなアトラクションと遊びで楽しさ倍増！

ミニオンたちとハチャメチャ体験！

謎の生き物・ミニオンたちがパークをジャック!? ハチャメチャの体験が待つエリア「ミニオン・パーク」に、熱い視線が集まっています

ココミル cocomiru

大阪

Contents

●表紙写真
ユニバーサル・スタジオ・ジャパン（P37）、万博記念公園の太陽の塔（P116）、551HORAI本店の豚まん（P34）、通天閣（P84）、てんしば（P91）、大阪市中央公会堂（P50） ほか

〈マーク〉
観光みどころ・寺社
プレイスポット
レストラン・食事処
居酒屋
カフェ・喫茶
みやげ店・ショップ
宿泊施設

〈DATAマーク〉
☎ 電話番号
住 住所
¥ 料金
営業時間
休 休み
交 交通
P 駐車場
室 室数
MAP 地図位置

お好み焼は鉄板から直接アツアツを食べたい！

大阪のコリアタウン・鶴橋で焼肉ディナー

職人さんの「焼き技」も、たこ焼の味のうち

「やさしさ」から生まれたなにわの洋食

特別な日のごちそうも大阪仕様で

下町串カツは、もちろんソース二度づけ御免！

テンションアップ！551HORAIの豚まん

大阪はスパイスカレーの名店も多い

食いだおれの街大阪は とにかく美味しいものがいっぱいです！

お好み焼、たこ焼、最強の粉もんグルメから、和食、洋食、スパイスカレーまで。どこを歩いても美味しいものに出会えます。素敵なカフェ見のがせませんよ。

話題のスイーツもたくさん♪

昭和レトロな純喫茶で名物スイーツを

お好み焼は粉もんグルメの王道！これでナニワ遺伝子を取り込むべし

大阪グルメは、まずお好み焼から。定番からセルフ焼き、店主渾身の技アリなものまで要チェック！

生地
小麦粉の種類や山芋の配合で、ふんわりやもっちりと食感が変わる

具材
定番は豚バラやイカ。店によってキムチやチーズなどの変わり種もある

ソース
お好み焼の味は最終的にはソースで決まる。甘口や辛口から選べる店も

豚玉 950円

阪急東通商店街に店を構える

大阪のお好み焼とは？

だしで溶いた小麦粉に玉子とキャベツ、肉や魚介類など好みの具を混ぜて鉄板で焼き、ソース、カツオ節、青ノリをのせるのが主流。山芋を入れると柔らかな食感に仕上がる。

Let's 自分で焼いてみよう！

1

器に生地と具材を入れて、まんべんなく全体を混ぜておく。

2

よく熱した鉄板に生地をのせ5〜10分焼く。端が固まってきたらテコで裏返す。

3
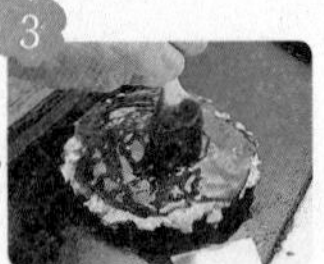
何度も返して両面を焼く。押さえず、分厚くふんわりと。ソースで仕上げる。

梅田
みふね
美舟

セルフ焼き専門の店だからつくる楽しさも食べてって

昭和23年（1948）の創業以来、自分で焼いて食べるスタイルの老舗。山芋粉と小麦粉をブレンドした生地のおかげでふんわり焼くことができる。自分で完成させたお好み焼の味は格別。予約不可。

☎なし 住大阪市北区小松原町1-17 Ⓛ18〜21時LO 休火曜 Pなし 交阪急大阪梅田駅から徒歩5分 MAP付録P10D3

SNS映え抜群！ハートのお好み焼

福島駅近くの「鉄板焼とワイン COCOLO 本店」の看板メニュー、COCOLO焼1100円がカワイイ！ ベーコン＆チーズに野菜たっぷりで、お酒のシメにペロリと食べられます。

☎06-6225-7764 MAP付録P9A4

なんば

どうとんぼりみづの

道頓堀美津の

山芋100%生地のふわトロに感動

必食は山芋焼。生地に小麦粉を使わず山芋のみ、表面は香ばしく、中はトロッと焼き上げる。絶妙な焼き加減はプロならでは。新作にも意欲的な老舗だ。

☎06-6212-6360 住大阪市中央区道頓堀1-4-15 ⏰11～21時（20時LO）休木曜（祝日、大型連休、12/31の場合は営業）Pなし 交地下鉄各線なんば駅から徒歩5分 MAP付録P16D1

創業昭和20年（1945）の名店

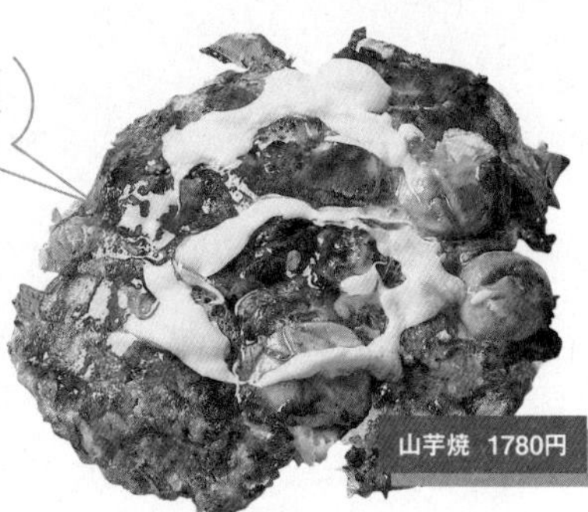

トロトロの生地に、バターで焼いた貝柱と豚バラがうま味をプラス

山芋焼 1780円

昔懐かしさあふれる店内

お楽しみのマヨアート。満天の星空が輝く通天閣は人気の絵柄

お好み焼（豚）950円

なんば

おかる

おかる

味も見た目もサービス満載

やわらかな食感が魅力のお好み焼は、生地を蒸し焼きし、仕上げに中心をテコで押すという独自の焼き方。マヨネーズアートも大人気！

☎06-6211-0985 住大阪市中央区千日前1-9-19 ⏰12時～14時30分LO、17時～21時30分LO 休木曜、第3水曜 Pなし 交地下鉄各線なんば駅から徒歩5分 MAP付録P16D2

梅田

ねぎやき やまもと うめだえすとてん

ねぎ焼 やまもと 梅田エスト店

ねぎ焼を食べるなら、ここ！

ネギは山盛り、国産のこだわり食材で仕込んだ具もたっぷり。元祖ねぎ焼はその迫力もおいしさだ。醤油ダレとレモン汁でさっぱりと味わえる。

☎06-6131-0118 住大阪市北区角田町3-25 エストE27 ⏰11時30分～21時LO 休不定休 Pなし 交阪急大阪梅田駅から徒歩3分 MAP付録P10D2

昼どきは行列覚悟の人気店

ネギとも相性抜群の甘辛く煮込んだ和牛スジコンがふんだんに入る

すじねぎ焼 1330円

焼きたてアツアツのお好み焼をテコで格子状に切ってそのままテコで食べるのが大阪流。猫舌さんはムリせずお箸でどうぞ。

定番から創作系まで こだわりのたこ焼を食べ比べ

お好み焼と並ぶ「粉もんグルメ」の代表格。
店も味も十人十色なので、ハシゴして食べ歩きしましょう。

ソースマヨ 10個550円
同店ではこちらが王道。刺身でも食べられる厳選された真ダコの歯ごたえにも注目

もう一皿

ねぎポン 10個650円
こだわりのぽん酢と大量ネギのヘルシーメニュー

アメリカ村

こうがりゅう ほんてん

甲賀流 本店

ソース&マヨ味の超人気店

網がけされる特製マヨネーズは酸味控えめで、フルーティなソースと好相性。山芋がたっぷり入ったふわトロ生地と絡んで言うことなしのおいしさに。

☎06-6211-0519 住大阪市中央区西心斎橋2-18-4 時10時30分～20時30分LO（土曜、祝前日は～21時30分LO）休無休 Pなし 交地下鉄各線心斎橋駅から徒歩5分 MAP付録P15B2

2階でイートインも可能

大阪流ファーストフード

小麦粉をだしで溶いた生地に、タコ、紅ショウガ、天かす、ネギを入れ、専用の焼き器で直径3～4㎝の球形に焼く。ソース、カツオ節、マヨネーズ、青ノリをかけるのがポピュラー。

もう一皿

蛸之徹焼 12個790円
タコのほか、エビ、肉の3種類の具を楽しめる

たこ焼 12個720円
定番のタコ入り。シンプルだけに、味は焼きの腕次第!?

梅田

たこのてつ かくたてん

蛸之徹 角田店

セルフ焼きたこ焼の有名店

各席に焼き器を設置するセルフ焼きの店。タコ以外にエビや肉、チーズといった変わり種の具もスタンバイ。ゴマ醤油、ぽん酢風のソー酢など個性的な6種類のソースで味わえる。

☎06-6314-0847 住大阪市北区角田町1-10 時11時30分～23時（ランチは平日の15時LO）休無休 Pなし 交阪急梅田駅中央口から徒歩5分 MAP付録P10D2

店員さんのヘルプもあり、初心者でも安心

元祖たこ焼 12個700円
特製だしが利いた生地に、タコ、天かすのみの究極の味

ワインとともにたこ焼を!?

大阪・河内の「カタシモワイナリー」で人気の「たこシャン」750mℓ2750円は、たこ焼に合わせて開発されたスパークリングワイン。国産ブドウ100%でほんのり辛口、百貨店などで販売。

問合せ カタシモワイナリー ☎072-972-0208

モラー皿

元祖ラヂオ焼 12個850円
牛スジ・コンニャク・ネギ入り。たこ焼を現代風にアレンジ

なんば
あいづや なんばてん

会津屋 ナンバ店

特製生地においしさが凝縮

昔ながらの素焼きが味わえる、たこ焼発祥の店。味の要は、カツオなどのだしで溶いたうま味たっぷりの生地にある。ソースなしで十分に食べ応えがあり、冷めてもおいしい。

☎06-6649-7708 住大阪市中央区難波5 NAMBAなんなん内 ⏰10〜22時 休奇数月第3木曜 Pなし 交地下鉄各線なんば駅からすぐ MAP付録P17C3

なんばの地下街・NAMBAなんなん内にある

なんば
どうとんぼりあかおに

道頓堀赤鬼

定番+創作たこ焼の名店

たこ焼を天然だしに浸したり、チーズフォンデュ風にしたり、新メニューの開発に余念がない。定番の赤鬼オリジナルソースたこ焼や素焼きもあるので、食べ比べてみると楽しいかも。

☎06-6211-0269 住大阪市中央区難波1-2-3 ⏰11〜22時 休火曜 Pなし 交地下鉄各線なんば駅から徒歩5分 MAP付録P16D2

赤鬼が出迎えてくれる

ちゃぷちゃぷ 6個入り680円
天然だしが生地にジュワッとしみ込んだ人気のメニュー

モラー皿

とろとろチーズ 8個880円
数種類のチーズをブレンドし、チーズフォンデュ風に仕上げた逸品

なんば
たこやきどうらくわなか せんにちまえほんてん

たこ焼道楽わなか 千日前本店

NGKすぐ横にある行列店

特注の銅板で一気に焼きあげるたこ焼は、外はカリッ、中はトロッ。大ぶりのタコの旨味もしっかり味わえる。店自慢の釜炊き塩を付ければえも言われぬおいしさに。

☎06-6631-0127 住大阪市中央区難波千日前11-19 ⏰10時30分〜21時(土・日曜、祝日は9時30分〜) 休無休 Pなし 交地下鉄各線なんば駅から徒歩5分 MAP付録P16D3

モラー皿

おおいり 8個700円
ソースマヨ、カツオ醤油、ネギ塩、期間限定味の4種×2個

ソースねぎのせ 8個650円
シャキシャキの青ネギがてんこもりの、店いちおしの逸品

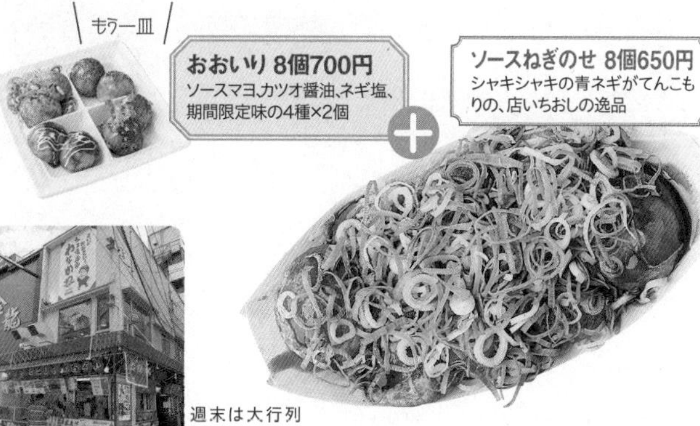

週末は大行列ができる人気店

大阪では「一家に1台」とも言われるたこ焼器。熱の通りの良い銅製なら、お店の外カリッ・中トロ〜を再現しやすいですよ。

竹串一本で通う人情 下町ソウルフード・串カツ

ビールが進む下町グルメの代表格・串カツ。本場の新世界のほか、各エリアの人気店で大阪庶民文化を体感しましょう。

生麩

生麩は油と相性抜群。うま味が増し、もちっとした食感がくせになる
◉180円

串カツ(牛肉)

ジュワッと肉汁滴る人気NO.1もの。身が締まった牛モモ肉を使う
◉3本390円

長いカウンターが特長の店内

かき

ふっくら深い味わいのカキが3個も連なるぜいたくな季節限定品
◉500円
※10月～3月末、数量限定販売

新世界

やえかつ

八重勝

行列しても絶対に食べたい ジャンジャン横丁の名物店

1日に約1300本も売れるという串カツは衣に2種類の山芋が入り、余分な油をはじくからサクッと軽い歯ざわり。胃にもやさしく何串でもイケそう。

☎06-6643-6332 住大阪市浪速区恵美須東3-4-13 🕒10時30分～20時30分LO 休木曜(水曜月1回不定休) Pなし 交地下鉄各線動物園前駅から徒歩すぐ MAP付録P19C3

豚団子

豚ミンチ肉にシソの風味とレンコンの歯ごたえが利いた自家製もの
◉240円

レンコン

一度蒸してから油で揚げるのでシャキッ&ホクホクとした歯ざわりに
◉240円

ネタ約30種

ソースは素材の風味を生かすやや甘口

昭和22年創業の老舗

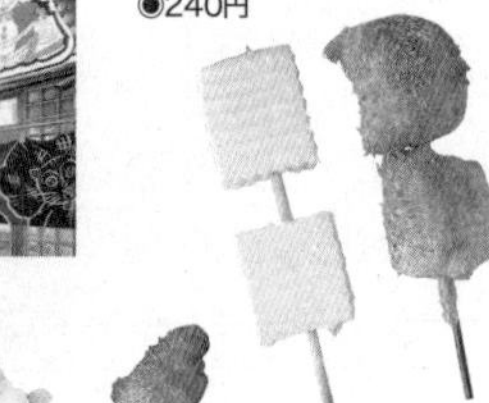

チーズ

揚げて旨味がギュッと凝縮されたチーズは熱々のトロトロで濃厚
◉240円

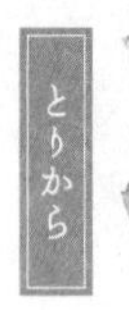

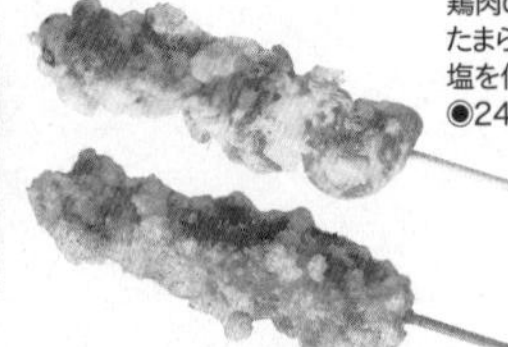

とりから

鶏肉のジューシーさがたまらない。これだけは塩を付けて味わう
◉240円

えび

新鮮なエビのプリプリッとした食感と香ばしさは文句なしのうまさ
◉500円

※価格は変更の場合あり。

ソースの二度づけ禁止のルールとは?

串カツ店には他のお客さんと共有で置かれているソーストレイには、食べかけの串カツを入れてはダメというルールがあります。最近では個別にソールボトルや容器を用意している店も増えています。

梅田

よねや うめだほんてん
ヨネヤ 梅田本店

梅田地下街で朝から串カツ!

暖簾の下に常に立ち飲み客の脚が並ぶ、梅地下の老舗。自慢の串カツは、生ビールを混ぜたふんわり生地に、粗びきパン粉のザクザク食感が楽しい。月替わりの旬ネタにもご注目。

☎06-6311-6445 住大阪市北区角田町ホワイティうめだノースモール1 ⏰9~22時LO 休奇数月第3木曜(ホワイティうめだに準ずる) Pなし 交地下鉄御堂筋線梅田駅から徒歩3分 MAP付録P10D2

青と130円、牛かつ160円、きす180円、えび240円

ネタ約25種

毎日継ぎ足して作るソースはあっさり味

立ち飲みカウンターのほかテーブル席もあり

梅田

まつばそうほんてん
松葉総本店

大阪キタの立ち呑みの老舗

昭和36年創業の立呑み串カツの店。大ぶりのネタにモチモチの衣が持ち味。半世紀変わらぬ味の牛串は一番人気で、120円という価格も涙もの。

☎06-6312-6615 住大阪市北区角田町9-20新梅田食道街1階 ⏰14時~21時30分LO(土曜は11時~、日曜、祝日は11~21時LO) 休無休 Pなし 交JR大阪駅から徒歩3分 MAP付録P11C2

若どり210円はカレー風味。えび160円、牛串120円

ネタ約15種

やや甘めのさっぱりとしたソースと好相性

安くてうまい大衆酒場

なんば

くしかつやたいふくろう
串かつ屋台ふくろう

ひと口サイズの変わり串もぜひ

こだわりの油であっさり揚げる串カツは、薄づきの衣がフワッとやさしい食感。ひと口サイズのオムライス串など変わり種も多く、何本でも食べられる。

☎06-6647-5448 住大阪市中央区千日前2-3-4 ⏰18時~23時30分(23時LO) 休木曜 Pなし 交地下鉄各線日本橋駅から徒歩すぐ MAP付録P16E3

アスパラ242円、牛肉187円、エビ319円

ネタ約40種

塩、ポン酢のほか自家製ニラダレも

日本橋駅近くにあり、アットホームな雰囲気

庶民派串カツ店では、多くの店で「どて焼」も人気。歯ごたえ良い牛スジ肉に濃厚な味噌が絡む、「串休め」の名物です。

老舗が生み出した独自の味 愛され続ける名物洋食

ハンバーグにオムライス、世代を超えて愛される洋食。
長く受け継がれてきたオリジナルの味わいをここで。

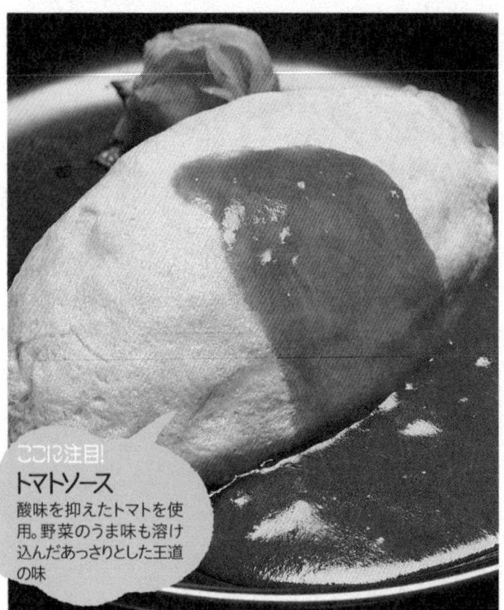

ここに注目!
トマトソース
酸味を抑えたトマトを使用。野菜のうま味も溶け込んだあっさりとした王道の味

注文を受けてから作るチキンオムライス1080円

西心斎橋

ほっきょくせい しんさいばしほんてん

北極星 心斎橋本店

元祖オムライスを和の空間で

創業大正11年 (1922)、オムライスを考案した店として大阪で愛され続ける。定番はチキンオムライス。ふんわり半熟の玉子でくるんだケチャップライスと、醤油や日本酒を使用した特製のトマトソースが味をひきたて合う。エビフライのトッピングや味噌汁セットなど充実のランチメニューも人気。さまざまな人数に対応したお座敷で気軽に味わえる。

☎06-6211-7829 住大阪市中央区西心斎橋2-7-27 ⏰11時30分～21時30分 (21時LO) 休無休 Pなし 交地下鉄各線なんば駅から徒歩5分 MAP付録P17B1

1のれんに風格の漂う和の建物 2会話も弾む座敷席でゆったり楽しめる

ここに注目!
通な食べ方
最初はそのまま、次に玉子を絡めて、最後は特製ソースで3通り楽しめる

黄身を崩す瞬間の至福。名物カレー800円

なんば

じゆうけん なんばほんてん

自由軒 難波本店

愛され続けて100余年、「名物カレー」

大阪初の洋食店として明治43年(1910)に創業。保温ジャーなどなかった時代に、ご飯も熱々を食べてほしいという思いから生まれた名物カレーは、注文ごとに牛肉とタマネギを炒め、ご飯とカレーベースもまぜて供する混ぜカレー。トッピングに生玉子をのせるのもこの店から始まったとか。100年間、真心とともに創業当時の調理法で作り続けられる。

☎06-6631-5564 住大阪市中央区難波3-1-34 ⏰11～20時 休月曜(祝日の場合は翌日) Pなし 交地下鉄各線なんば駅から徒歩3分 MAP付録P16D2

1なんばで西洋料理を広めた老舗 2作家・織田作之助にも愛されたという名物

老舗の味をお持ち帰りに

新世界の老舗洋食店「グリル梵(ぼん)」(☞P87)。堂島店はビーフヘレカツサンド専門店で、イートインもOK。1人前2400円、ハーフ1200円。昼間のテイクアウトは要予約。
☎06-6347-5007 MAP付録P9C4

ここに注目!
サイズupあり
普通サイズでも180gのボリューム。さらに1.5倍やWサイズもスタンバイ

柔らかな食感のハンバーグステーキ1300円

なんば

じゅうてい

重亭

手づくり感あふれるハンバーグ

昭和21年(1946)創業の老舗洋食店。看板メニューのハンバーグステーキは、丁寧に筋とりした豚ブロックと赤身の牛ミンチを合わせた店独自の挽肉を使い、タマネギ、玉子のほかに和牛脂でジューシーさをプラス。特製デミグラスと自家製ケチャップのソースは甘辛い照焼き風味で白ご飯にも合う。2024年2月現在、改装休業中。

☎06-6641-5719(改装休業中は不通) 住大阪市中央区難波3-1-30 🕒11時30分～14時30分、16時30分～19時30分 休火曜、不定休あり Pなし 交地下鉄各線なんば駅から徒歩5分 MAP付録P16D3

1 清潔感ある白い暖簾が印象的な外観 2 故・池波正太郎氏も足繁く通ったとか

ここに注目!
2種のソース
味の違う2つのソースをたっぷりふくませて食べるとひと皿で2度おいしい

ソフトボール大ほどもある特製ロールキャベツ1680円

阿倍野

ぐりるまるよし

グリルマルヨシ

キャベツもソースもトロットロ

創業77年を数える欧風料理店。看板メニュー・特製ロールキャベツは、国産牛と国産豚の自家製ミンチを半個分のキャベツで包み、ブイヨンでじっくり煮込む。キャベツのとろける食感と肉のうま味に、カレーとデミグラスの2種類のソースがおいしさを倍増!

☎06-6649-3566 住大阪市阿倍野区阿倍野筋1-6-1 Viaあべのwalk1階 🕒11時～14時30分LO、17時～21時30分LO(土・日曜、祝日は11～15時LO、16時30分～21時30分LO) 休火曜(祝日の場合は営業) Pなし 交JR天王寺駅から徒歩すぐ MAP付録P19C4

1 2つのソースを混ぜ合わせて食べてもおいしい 2 肩肘張らない気軽な雰囲気の店内

歴史が裏づける味に感動！なにわが誇る老舗の和食

長年ミナミで愛され続けている老舗の名物料理の数々。
時代が移っても変わらない「大阪」の味に出合えます。

すき焼　7700円～（サービス料込）
美しい霜降りは極上の証。割り下で煮込むスタイルでどうぞ

道頓堀
はりじゅう どうとんぼり ほんてん

はり重 道頓堀 本店

歴史深き精肉店が手掛けるお肉のごちそう

創業100年近い老舗精肉店。併設された和食処の看板メニューであるすき焼は、極上の雌牛のみを使う。濃厚な肉のうま味と、とろけるような食感に感動。自家製割り下との相性もすばらしい。

☎06-6211-7777 住大阪市中央区道頓 堀1-9-17 ⌚11時30分～20時LO 休火曜（祝日、12月は営業）Pなし 交地下鉄各線なんば駅から徒歩2分 MAP付録P17C1

▲老舗の風格漂う空間

コレも名物！
牛肉佃煮100g1296円～。お酒やご飯のお供に

道頓堀商店街を東へ。風情あるたたずまい▼

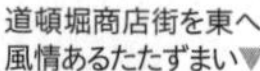

▲熟練の職人が伝統の味を受け継ぐ

道頓堀
たこうめほんてん

たこ梅本店

創業以来変わらぬ味の関東煮

カツオだしにヒゲクジラの舌などの希少な具材を入れ、毎日だしを継ぎ足して炊く関東煮（かんとだき）。ネタは定番から季節限定ものまで30種以上。たっぷりだしがしみた味は、お酒との相性も抜群。

☎06-6211-6201 住大阪市中央区道頓 堀1-1-8 ⌚16時～22時30分LO 休無休 Pなし 交地下鉄各線なんば駅から徒歩6分 MAP付録P16E1

関東煮　1串220円～
人気は鯨すじ550円、ごぼう天363円など。日本酒は770円～

コレも名物！

たこ甘露煮1串440円は食感とうま味抜群

和食のごちそう 大阪の押し寿司

江戸前と異なり、押し寿司は本来保存食。創業370年近い老舗「すし萬本店」は、それゆえ持ち帰り専門店。作って8～15時間後が食べ頃という名物・小鯛雀鮨4320円をぜひ。
☎06-6448-0734 MAP付録P13B4

道頓堀
だいこく
大黒

上品な味わいのかやくごはん

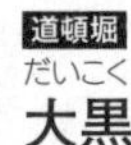

◀持ち帰りもOK。おかず入り1404円なども用意

利尻産昆布やカツオ節でとっただしで炊くかやくごはんが名物。やさしい味わいで心も落ち着き、著名人にもファンが多い。身の肥えた焼き魚をはじめ、おかずも220円～で約40種用意。

☎06-6211-1101 住大阪市中央区道頓堀2-2-7 ⏰11時30分～14時LO 休日・月曜、祝日 Pなし 交地下鉄各線なんば駅から徒歩2分 MAP付録P17C2

▲昔懐かしい雰囲気の店内

コレも名物！

数あるおかずの中でも人気の、ぬた495円

かやくごはん（中） 550円
具は細かく刻んだ薄揚げ、ごぼう、コンニャクとあくまでシンプル

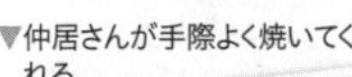

▼仲居さんが手際よく焼いてくれる

▲肉は産地にこだわらず、その時々で最高のものを使用

心斎橋
きたむら
北むら

南部鉄鍋で焼く、割り下なしの大阪すき焼

明治14年（1881）創業のすき焼専門店で、砂糖と醤油で肉を焼きながら食べる伝統のスタイルで提供。見事にサシの入った和牛を特製の南部鉄鍋で均等に焼き、肉のうま味を引き出す。

☎06-6245-4129 住大阪市中央区東心斎橋1-16-27 ⏰16時30分～21時50分 休日曜、祝日 Pなし 交地下鉄各線心斎橋駅から徒歩2分 MAP付録P15C2

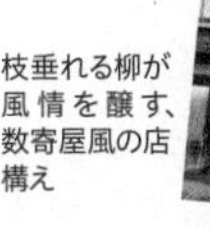

枝垂れる柳が風情を醸す、数寄屋風の店構え

すき焼（付きだし、ご飯付） 9900円
※別途消費税・サービス料10%
やわらかくしっかりとしたうま味を持つ、和牛ロースが1人前150g

「関東煮」とは、平たく言えばおでんのこと。関西のおでんは、サエズリやコロなど鯨のおでん種が入るのが特徴です。

大阪のだし文化を心ゆくまで うどんの名品をシコッ、ごくっ

なにわ自慢のだしの味を、最もダイレクトに感じさせてくれる大阪うどん。「きつね」をはじめ、いろんなメニューがあります。

道頓堀

どうとんぼりいまい

道頓堀今井

異名が付くほどの絶品だし

天然真昆布などでとるだしは「だしの今井」と呼ばれるほどの究極の味わい。もちもちしたうどんをすすれば、奥深い旨味とコクが体の芯までしみ渡る。

☎06-6211-0319 住大阪市中央区道頓堀1-7-22 ⏰11時30分～21時LO 休水曜、第4火曜 Pなし 交地下鉄各線なんば駅から徒歩5分 MAP付録P16D1

「鮮度が命」のだしの材料

大阪が誇るうどんの老舗

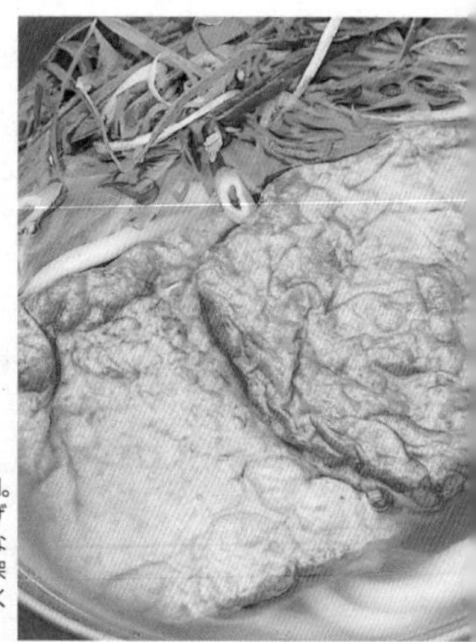

きつねうどん930円。甘く炊いた肉厚の揚げはふわっとやわらかな食感で、風味豊かな深みのあるだしともよく合う

こんなにあるよ、大阪うどん

うどん店のメニューには、名前を見ただけでは「?」なものも。全国区のメニューもあれば、大阪特有の呼び名もあります。ここでは「道頓堀今井」のメニューから、特徴的なものを教えてもらいました。

きつね

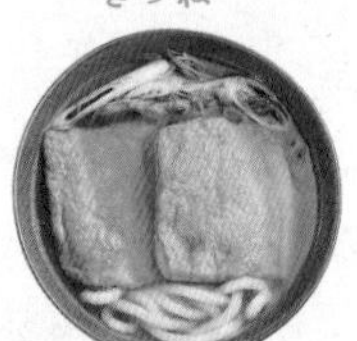

大阪うどんの大定番。甘く炊いた揚げと、だしの妙味がたまらない。ちなみに同じものをそばで作ると「たぬき」と呼ぶ。

きざみ

味付けしていない薄揚げを使うのが一般的。きざんだ薄揚げは、だしをたっぷり吸っていてジューシー。

しっぽく

だしで煮込んだ具をのせたうどん。かまぼこ、海老、椎茸など、具材は店によってさまざまだ

南船場

うさみていまつばや

うさみ亭マツバヤ

大阪的アイデアうどんも好評

利尻昆布やカツオ、メジカなどでとっただしはコクと自然の旨味が凝縮される。きつねうどんの発祥店として知られるが、具だくさんの大阪らしいメニュー・おじやうどんでも有名。

☎06-6251-3339 住大阪市中央区南船場3-8-1 ⏰11～18時 休日曜、祝日 Pなし 交地下鉄各線心斎橋駅から徒歩8分 MAP付録P15C1

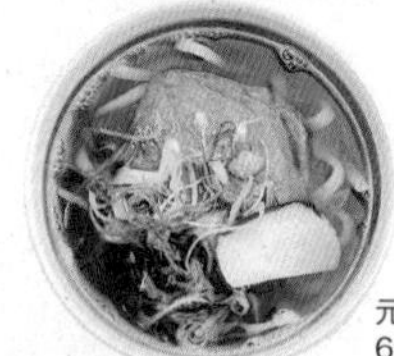

元祖・きつねうどん600円

商人の町・船場の名店

鉄鍋でご飯とうどんを一緒に煮込んだおじやうどん820円。穴子、鶏などの具が入り、アツアツで食べ応え十分

洋風にアレンジされた濃厚クリームうどん

「麺匠の心つくし つるとんたん北新地店」では、洋風の創作クリームうどんが大人気。濃厚クリームのうま味と香りが博多明太子と重なりあう、明太子クリームのおうどん1480円。

☎06-4799-1111 MAP付録P9C4

心斎橋

にしやほんてん

にし家本店

町家造りが印象的な食事処

登録商標のうどんちりが名物。気候によって水加減を調整するこだわりの自家製手打ち麺が味わえる。大人数で囲む鍋物などのほか、うどんを使った懐石料理や単品メニューも揃う。

☎06-6241-9221 住大阪市中央区東心斎橋1-18-18 ⏰11～22時LO 休無休 Pなし 交地下鉄各線心斎橋駅から徒歩すぐ MAP付録P15C2

3種の豚肉入り濃厚ピリ辛ダレと細麺が相性抜群。生玉子でまろやか味も楽しめる肉つけ1155円

2階には座敷もあり

夜鳴き

昔、屋台を引いて売られていた夜鳴きうどんの伝統を継ぐもの。おぼろ昆布、揚げ、おかきなどの具材が入る。

けいらん

あんかけの玉子とじうどん。おろし生姜をのせて食べる冬の人気メニュー。あんと生姜で体はぽっかぽか。

かちん鴨

かちんとは、公家言葉で餅のこと。香ばしく焼いた餅のほかに、鴨肉を入れたかちん鴨があり、ボリューム満点。

おぼろうどん

糸状のとろろ昆布ではなく、職人が一枚一枚丁寧に削る昆布を使用。上質な太白おぼろ昆布が、だしの深みを増す。

なんば

きたたけうどん

き田たけうどん

だしも麺もうまい“大阪讃岐”

コシのある麺と、こだわりのだしを両立する大阪讃岐うどんのパイオニア「釜たけうどん」の進化店。細麺ながらもコシのあるうどんは食べやすく、のど越しも絶品。創作的なオリジナルメニューも評判だ。

☎06-7509-4392 住大阪市浪速区難波中2-4-17 ⏰11～15時(売切れ次第終了) 休月曜 Pなし 交地下鉄各線なんば駅から徒歩7分 MAP付録P16D4

炙り牛トンぶっかけ1280円。炙った牛と豚肉の香ばしさもたまらない、人気のぶっかけうどん

伝説の名店・釜たけうどんの元店主・木田さん

大阪のうどんはもっちり柔らかく、表面にだしをうっすら滲ませるぐらいが王道。だし・具とのバランスを最重視した麺なのです。

鶴橋といえば焼肉
ビギナーはお得なセットから!

大阪屈指のコリアタウン・鶴橋は焼肉の激戦区！
絶対満足の名店、初めてでも安心のオススメはこちら。

▲カルビは焼きながら食べやすくカット。骨の周りは特に甘い！

まずは
これから！

上肉盛合せ
5900円
上バラ、上カルビ、上ロースなど人気の赤身がたっぷり。写真は約3人前

▲レストランのようなこざっぱりした店内。一見さんも入りやすい

こんなみせ やきにくのよしだ しんかん
こんな店 焼肉の吉田 新館

肉の美しさがクオリティの証

長年の経験で培われた確かな目利きで、質の高い国産牛のみを厳選。丁寧な下処理はもちろん、部位ごとに味や食感に変化をつけるカットを施すこだわりもここならでは。この店で焼肉のおいしさに開眼した人も多いとか!?

☎06-6776-0158 住大阪市天王寺区東上町3-15 時17時～21時30分LO(土・日曜、祝日は12時～) 休無休 交JR・地下鉄各線鶴橋駅から徒歩3分 Pなし MAP付録P18E1

やきにく・ほるもん そら
焼肉・ホルモン 空

ホルモン好きなら迷わずココへ！

連日行列の超繁昌店。常時30種以上揃うホルモンを多彩なスタイルで味わえる。肉はひと皿450円～の小盛りから注文OK。豊富な部位に、少しずついろいろ挑戦できるのが魅力。

☎06-6773-1300 住大阪市天王寺区下味原町1-10 時11～22時LO(変更の場合あり) 休火曜(祝日の場合は翌日) 交JR・地下鉄各線鶴橋駅から徒歩2分 Pなし MAP付録P18F1

鶴橋は「焼肉の街」！

駅を出た瞬間から焼肉のたまらない匂い……!
コリアンタウン・鶴橋は焼肉の超激戦区。仕入れに・処理に・タレに、各店がしのぎを削りあい、味のレベルがとても高いんです。

▲向かいに別館もあり

まずは
これから！

ハチノス(上)550円
牛の第二胃。柔らかい食感
ホソ(下左)550円
脂の甘みがたまらない逸品
ハギシ(下右)500円
アゴまわりにあたる希少部位

※価格は変更の可能性あり

▲さまざまな歯ごたえを楽しめるホルモン

▲肉が売切れ次第閉店することもある人気店

鶴橋商店街でお買い物！

在日韓国人が多く住む鶴橋は、キムチをはじめ様々な韓国食材を販売するお店がいっぱい。チマチョゴリを着て記念撮影できたり、最近ではK-POPアイドルなどのグッズショップも見逃せません。海外旅行気分でお買い物もぜひ。MAP付録P18F1

やきにく そそもん
焼肉 ソソモン

韓国でも人気のドラム缶焼肉

まずは これから！

極上ハラミ（左）2400円
※売切れ次第終了
漬けカルビ（右）1500円
鉄板にのせたタレ入りの器で煮込むのもおすすめ

鉄板と一体化したドラム缶を囲む、韓国発の焼肉スタイルが楽しめる店。A5ランクの黒毛和牛など上質な肉にこだわる。☎06-6777-9141 住大阪市天王寺区舟橋町19-19 ⏰11時30分～15時(ランチは土・日曜、祝日のみ)、17時～22時30分（日曜、祝日は～21時30分）※LOは各閉店の30分前 休月曜（祝日の場合は営業）Pなし 交JR・地下鉄各線鶴橋駅から徒歩2分 MAP付録P18F1

▲ドラムを囲んでワイワイ♪

おおくら
大倉

どの部位も「特上」の味

肉の鮮度と質をとことん追求する、屈指の焼肉店。解体後すぐに出荷された最高のA5和牛を、毎日その日の分だけ仕入れる。人気部位は売切れ必至なので、なるべく早い時間に訪れたい。

☎06-6771-1178 住大阪市天王寺区東上町1-63 ⏰16時売切れ次第終了 休不定休 交JR・地下鉄各線鶴橋駅から徒歩すぐ Pなし MAP付録P18F1

▲鶴橋のガード下に位置

まずは これから！

ハラミ（上）1980円
1グループ1人前までの超人気部位
シマチョウ（下左）1045円
生ホルモンは相当貴重。甘みが抜群
塩ロース（下右）時価
表記はないが「特上」クラスの肉質。2200円～

▲その日にしか出合えない極上の肉を堪能！

はくうんだい つるはしえきまえてん
白雲台 鶴橋駅前店

抜群の目利きでベストの肉を厳選

店主自らの目利きで、山形牛や仙台牛などのブランド牛をはじめベストの肉を仕入れる。韓国宮廷料理と焼肉のコース3500円～や、手打ち冷麺1100円などの一品も充実。ランチの焼肉定食1570円もぜひ。

☎06-6774-4129 住大阪市天王寺区下味原町5-26 ⏰11時30分～15時、17～22時 休火曜 Pなし 交JR・地下鉄各線鶴橋駅からすぐ MAP付録P18F1

▲テーブル席のほか座敷もあり、大人数もOK

▲赤身はもちろん、鮮度抜群のホルモンもおすすめ

まずは これから！

国産上撰ハラミ 1870円
見事なサシが口の中でとろける！程よく弾力があり、脂の甘みもしっかり味わえる

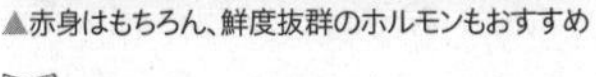
焼肉のシメは冷麺？ ビビンバ？ 店によってトックスープなど本場風のサイドメニューも用意、お好みでぜひ。

映え&オシャレ♪ 話題の大阪カフェへ

個性的な見栄えで注目を集めるスイーツや、シチュエーションで人気のリバーサイドカフェなど。大阪カフェ巡りにオススメの店はこちらです。

天満 じぇいてぃーど

JTRRD

大阪スタイルのカラフルスムージー

アートのようなスムージーが名物。旬の果物をフリルのクリームなどで飾った、おしゃれなビジュアルのパフェもつい写真を撮影したくなるかわいさ。甘さを抑え、最後までおいしさを堪能できる味わいも◎。

☎06-6882-4835 住大阪市北区天満3-4-5 ⏰12～17時 休不定休 Pなし 交地下鉄谷町線天満駅から徒歩6分 MAP付録P20 A3

ビル1階にある こじんまりとした空間▶

BonBon Smoothie The OSAKA 1800円 ※数量限定

チョコで描いたヒョウ柄のグラスに、ミックスジュースのフロートとたこ焼に見立てたドーナツを盛り付け

ストロベリーチョコレートパフェ 1980円
きゅんベア1個 50円
※12月末～国産いちごの季節まで

ブラックチョコのクリームとイチゴが好相性。クマの形のマシュマロをお好みでトッピング♪

ニュアージュ 1個726円
バタフライホワイト 682円

雲形のココナッツムースと、イチゴジュレなどがマッチ。さわやかな見た目のドリンクとぜひ

中崎町 はのっく

hannoc

次世代スイーツにひと目惚れ

若手パティシエ8名が手掛ける現代的スイーツが魅力。ビジュアルや素材の組み合わせがユニークなケーキは、味わいのハーモニーや食感も絶妙。ひと口でトリコになるおいしさ！

☎06-4792-8069 住大阪市北区万歳町4-12 ⏰11～19時（18時30分LO）休無休 Pなし 交地下鉄中崎町駅からすぐ MAP付録P10E2

◀各パティシエの個性が光るケーキがずらり

▶コンクリートのシックで洗練された雰囲気

北浜・中之島エリアはリバーサイドカフェの聖地

堂島川・土佐堀川沿いにはテラス席のあるカフェが軒を連ね、街ナカで開放的なカフェタイムが楽しめると人気。北浜にある写真の「&ISLAND」もオススメです。MAP付録P12D2

梅田 がりげっと

GARIGUETTE

片手で頬張る進化系ミルフィーユ

▼JR大阪駅を北側に出てすぐの場所にある

気軽に手で食べるテイクアウトミルフィーユで人気。店内で焼き上げた円形のパイ生地で、パティシエが目の前で自家製カスタードとフルーツをサンド。できたてミルフィーユはサクサクで、香りも豊か。

☎06-6476-8559 住大阪市北区大深町4-1 グランフロント大阪ショップ&レストランうめきた広場1階 ⏰11～19時（18時30分LO）休Pグランフロント大阪（☞P99）に準ずる 交JR大阪駅直結 MAP付録P11B2

ミルプレッセ
ナポレオン（左）1400円
ショコラ&プラリネバナーヌとシトロン&ミエル（Half&Half）1400円

フレーバーは定番8種と季節限定2種。好きな味のハーフ&ハーフもOK

北浜を流れる土佐堀川がすぐ目の前の特等席

ラテ（アイス）594円
キャロットケーキ 440円

エスプレッソにスッキリした後味のミルクを加えたラテはキャロットケーキと相性抜群

コーヒー豆やグッズなどの販売▶

北浜 ぶるっくりん ろーすてぃんぐ かんぱにー きたはまてん

BROOKLYN ROASTING COMPANY 北浜店

川沿いのカウンターで水景を楽しみながら

ニューヨークで創業したコーヒースタンドの日本国内路面1号店。アメリカから直送される生豆を使った、ドリップコーヒーやエスプレッソドリンクを幅広く展開する。

☎06-6125-5740 住大阪市中央区北浜1-1-9 ハウザー北浜ビル1階 ⏰8時～19時30分LO（土・日曜、祝日は18時30分LO）休不定休 Pなし 交地下鉄・京阪各線北浜駅から徒歩すぐ MAP付録P12E2

▼堂島川に浮かぶゆったりとした台船テラス

中之島 あんどあいらんど なかのしま

&ISLAND NAKANOSHIMA

風を感じるテラスでクルーズ気分

川の上に浮かぶ台船席で、心地良い風を感じながらリゾート感たっぷりの時間を過ごせるカフェレストラン。食事からスイーツまで揃い、使い勝手抜群。

☎06-6136-8725 住大阪市北区中之島5-3-60中之島バンクス CENTER-A ⏰11～21時（金～日曜は～22時）※ランチ～14時30分、カフェ14時30分～18時、ディナー18時～ 休不定休 Pなし 交京阪中之島線中之島駅から徒歩3分 MAP付録P13A2

アイランド・ローストビーフ丼 1390円

たっぷりのローストビーフがのり、肉感が堪能できる名物丼。ドリンク付き

梅田エリアのショッピングビルには大阪で人気のカフェなども数多くあるので、ぜひチェックしてみて。

昭和レトロな雰囲気♪ ノスタルジックな純喫茶へ

古くからずっと愛され続けている老舗喫茶店が多い大阪。
そこでしか味わえない、オンリーワンの空気感とメニューを堪能しましょう。

ホットケーキ　700円
クリームソーダ　770円

数種の小麦粉をブレンドした生地を、特製の鉄板で焼くフワフワ食感のホットケーキ。糖蜜のシロップにこだわったクリームソーダもおすすめ

なんば　じゅんきっさあめりかん

純喫茶アメリカン

シャンデリアが輝くエレガントな空間

大阪で喫茶店といえば名が挙がる戦後創業の名物喫茶。螺旋階段や貝殻の衝立など、初代のセンスが息づく空間は見もの。フードメニューにも定評があり、特にホットケーキが大人気。

☎06-6211-2100 住大阪市中央区道頓堀1-7-4 ⏰10時～21時45分LO 休月3回木曜不定休 Pなし 交地下鉄各線なんば駅から徒歩4分 MAP付録P16D1

▲約5mものきらびやかなシャンデリアが迎えてくれる

▼ホットケーキはレトロなボックスでテイクアウトもOK

西梅田　きっさまづら

喫茶マヅラ

梅田の地下に広がる小宇宙空間

約50年前のビル開業時から営業を続けるキタエリアの有名スポット。宇宙がテーマの店内は、濃紺の天井に惑星のような照明がきらめく独特の世界観。レトロな喫茶メニューも満喫しよう。 ☎06-6345-3400 住大阪市北区梅田1-3-1 大阪駅前第1ビル地下1階 ⏰9時～20時30分（土曜は～18時）休日曜、祝日 Pなし 交地下鉄四つ橋線西梅田駅から徒歩すぐ MAP付録P11C4

▼有名ウイスキーブランドの像が目印

開業時のソファなどもあり、レイアウトはほぼそのまま

ミックスサンド　500円
ホットコーヒー　300円

オリジナルの自家焙煎コーヒーと、玉子、ハム、野菜のシンプルなサンド。価格もリーズナブル

純喫茶で味わう 深煎りコーヒー

「丸福珈琲店 千日前本店」に代表されるように、昭和創業の大阪のコーヒーは深煎りが主流。ひと口目はまずストレート味わってみるのもおすすめ。そのお店ならではのスタイルを楽しんでみましょう。

半地下席の席は隠れ家のような雰囲気

天満 きっさびくたー

喫茶ビクター

クラシカルな空間&メニューが素敵

創業から半世紀以上の喫茶店で、大きなステンドグラスや半地下のフロアなど、女性創業者がこだわった西洋風のしつらえと造りが印象的。華やかスイーツのほか昔ながらの喫茶フードも充実。 ☎なし 住大阪市北区天神橋4-8-29 🕒10～23時 休月曜（祝日の場合は営業） Pなし 交JR天満駅から徒歩2分 MAP付録P8F2

フルーツパフェ 900円

イチゴ、リンゴ、バナナなど、色とりどりの果物約10種を盛り付け。これぞパフェというフォルム

自家製プリン 638円
サンシャインブレンド 517円

卵と牛乳、砂糖、バニラエッセンスのみのシンプルなプリン。バランスのとれた味わいのコーヒーとあわせて。※プリンはドリンクの注文が必要

東梅田 きっささんしゃいん

喫茶サンシャイン

一流マイスターが淹れるこだわりの一杯を

朝から夜まで賑わう梅田地下街の名物店。コーヒーマイスターの資格を持つ2代目が、高品質の豆のみを厳選。豆ごとの個性を生かして焙煎する。手焼きホットケーキとのセット990円もおすすめ。
☎06-6313-6797 住大阪市北区曽根崎2-11-8 日興ビル地下2階 🕒7～20時（土・日曜、祝日は8時～18時30分） 休不定休 Pなし 交地下鉄谷町線東梅田駅からすぐ MAP付録P10D4

▲創業当時の趣が残る重厚な雰囲気。直火焙煎機も備える

なんば まるふくこーひーてん せんにちまえほんてん

丸福珈琲店 千日前本店

昭和大阪を代表するストロングコーヒー

▼皮張りのイスや創業者の骨董コレクションが配され風格が漂う

創業以来、独自の焙煎技術と抽出方法で提供される濃厚さを極めたコーヒーが代名詞。数々の著名人や、地元大阪人からも愛されてきた一杯を、創業店の重厚な空間でゆっくりと味わって。
☎06-6211-3474 住大阪市中央区千日前1-9-1 🕒8時～22時30分LO 休無休 Pなし 交地下鉄各線なんば駅から徒歩5分 MAP付録P16D2

◀瓶詰アイスコーヒー429円（フレッシュ付き）はみやげにオススメ

ブレンド珈琲 630円
ホットケーキ 800円

コーヒーはコク深く後味スッキリ。専用の銅板で焼き上げるホットケーキをお供に

新世界にも「千成屋珈琲」や「喫茶ドレミ」などの純喫茶があるので要チェックです（→P87）。

街歩きの途中で楽しむ 片手でイケるテイクアウトグルメ

手軽にパクパク食べながら歩ける、お口の恋人@大阪。
安・早・旨は当たり前、お店のこだわりの味を楽しみましょう。

なんば

ごーごーいちほうらい ほんてん

551HORAI 本店

豚まんを世に広めた大阪が誇る名店

「551の豚まん」は大阪人も大好きなおみやげの定番。毎日、店頭で手作りされ、全店で1日17万個も売り上げる。店頭は朝も夜も、豚まん目当ての客で行列が絶えない盛況ぶり。散策の腹ごしらえにも最適。

☎06-6641-0551 住大阪市中央区難波3-6-3 ⏰10時～21時30分（レストランは11時 ～21時30分LO、弁当は11時～21時30分）休第1・3火曜 Pなし 交地下鉄各線なんば駅からすぐ MAP付録P17C2

1階がテイクアウトで、2・3階はモダンな中国料理のレストラン

豚まん6個1260円
モチッとした皮の中に旨味のある豚肉とタマネギがたっぷり

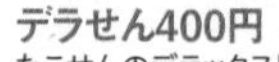

デラせん400円
たこせんのデラックス版。たこ焼、玉子焼、チーズ入り

たこせん250円
たこ焼、天かす、ソース&マヨをえびせんで挟んだもの

これも名物！

濃厚なチーズ生地にウインナーが入るピザボール8個500円

アメリカ村

だいげんあめりかむらてん

だいげんアメリカ村店

世界的セレブも訪れた、たこ焼店

20種以上の隠し味を入れた生地で作る、アイデア満載のたこ焼が好評。中でも傑作はえびせんでたこ焼を挟んだバーガー風「たこせん」。大口でパクッとかぶりついてみよう！

☎06-6251-1500 住大阪市中央区西心斎橋1-7-11橋本ビル1F ⏰11～19時 休火曜（祝日の場合は翌日）Pなし 交地下鉄御堂筋線心斎橋駅7番出口から徒歩3分 MAP付録P15B2

天満
なかむらや
中村屋

1日約3000個を揚げる名物コロッケ

昭和30年（1955）から続く、昔懐かしい商店街のコロッケ屋。強火でカラッと揚げたコロッケはジャガイモの素朴な甘みが魅力で、サクッ、ホクッと小気味いい食感もたまらない。

☎06-6351-2949 住大阪市北区天神橋2-3-21 ⏰9時～18時30分 休日曜、祝日 Pなし 交地下鉄各線南森町駅から徒歩すぐ MAP付録P8F4

コロッケ
1個90円
黄金色に揚がった魅惑の衣！冷めてもおいしいのが中村屋の味

アイスキャンデー
1本190円～
甘さ控えめでミルク、抹茶、小豆などフレーバーは全9種

梅田
がんそおおさかうめだみっくすじゅーす
元祖大阪梅田ミックスジュース

駅歩0分の名物ジューススタンド

阪神大阪梅田駅近くにあり、通勤の行き帰りに、サッと立ち寄ってサッと飲める名物ミックスジュース。注文したその場でミキシング、クラッシュアイスも入って喉ごしスッキリ！

☎06-6342-7890 住大阪市北区梅田3 大阪駅前地下街6号 ⏰7～22時 休無休 Pなし 交阪神大阪梅田駅から徒歩すぐ MAP付録P11C3

ミックスジュース
200円
ミカン、モモ、バナナなどをミックス。1日3000杯以上売れることも

なんば
ほっきょく
北極

愛されるペンギン印アイス

創業から70年以上たつ今も、変わらぬ製法で、職人が毎日約6000個を手作りする。さっぱりとした素朴な味わいが年齢を問わず人気。地方発送も可能。

☎06-6641-3731 住大阪市中央区難波3-8-22 ⏰10～22時 休無休 Pなし 交地下鉄各線なんば駅から徒歩すぐ MAP付録P17C3

和風デラ 253円
生地にネギを加え、玉子と一緒に焼き上げる。あっさりしょうゆ味

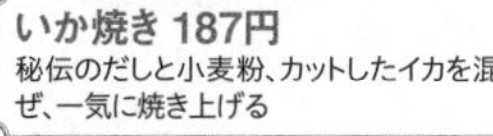

いか焼き 187円
秘伝のだしと小麦粉、カットしたイカを混ぜ、一気に焼き上げる

梅田
はんしんめいぶついかやき
阪神名物いか焼き

50年以上変わらない味

1日平均1万枚のいか焼きを焼き上げる超人気店。阪神梅田本店のスナックパークにあり、できたてアツアツを食べたくて、いつも多くの人で賑う。モチモチの生地がクセになるおいしさ。

DATA P128参照

「元祖大阪梅田ミックスジュース」は新大阪駅にも。限定の季節のアレンジジュースもありますよ。

ブームを牽引する名店揃い 大阪スパイスカレー

大阪から広がり、今や全国的にも定番となっているスパイスカレー。
ブームの火付け役から進化系まで、スタイルの異なる個性派の名店をピックアップ。

大阪スパイスカレーとは？

2000年代にスパイスを配合して作るサラサラカレーが大阪で一大ブームに。定義はないが、独自のスタイルで提供する店が次々と頭角を現し、大阪のカレー文化として定着した。

キーマカレー 1000円
後がけスパイスたっぷりで、辛さも香りも衝撃的。「右手にスプーン、左手にシシトウ」がこの店のスタイル

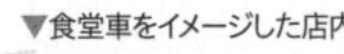

▶お口直しのグレープフルーツジュースが付く

▶カウンターのみの店内には多彩なスパイスの香りが漂う

北浜 ころんびあえいと きたはまほんてん

Columbia8 北浜本店

美食家もうなるスパイシーブームの火付け役

大阪のスパイスカレー店ではじめて『ミシュランガイド京都・大阪』のビブグルマンに選出された、2008年開業の古参店。美食家にも評価されてきたスパイスのハーモニーを堪能して。

☎06-6203-7788 住大阪市中央区道修町1-3-3 エビス道修町ビル2階 営11～15時 休土・日曜、祝日 Pなし 交地下鉄・京阪各線北浜駅から徒歩3分 MAP付録P12E3

大阪駅 きゅうやむてつどう

旧ヤム鐵道

小麦粉を一切使わない薬膳カレー

▼食堂車をイメージした店内

ルクア大阪のバルチカ内にある人気店。クミンやカルダモンなど、多種類のスパイスをベースに小麦粉を使わない薬膳カレーで、2～4種をあいがけで提供するスタイルが好評だ。

☎06-6151-1544 住大阪市北区梅田3-1-3ルクア大阪地下2階 営11時～21時30分(21時LO) 休不定休 P大阪ステーションシティ駐車場550台利用(有料) 交JR大阪駅から徒歩すぐ MAP付録P11B3

あいがけカレー(2種) 1210円
月替わりのカレー4種を用意。写真は鶏キーマ、牛豚キーマ

大陸カレー 1200円
スパイシーキーマ、トマトチキンバター、鰹節とひよこ豆のスリランカカレーの3種

▲築110年以上の元料亭を改装

福島 すぱいすかりーたいりく

スパイスカリー大陸

異文化グルメを掛け合わせたひと皿

店名を冠した「大陸カレー」1本で勝負する実力店。世界各国を旅した店主による、3種のあいがけカレー、9種類の副菜が色とりどりに皿を彩る。いろんな味わいが食べ進めるほどに混ざり合い、やみつきになる。

☎06-7508-1508 住大阪市福島区福島2-9-23 営11時～20時30分LO(日曜、祝日は～19時30分※売切れ次第終了) 休無休 Pなし 交JR東西線新福島駅から徒歩すぐ MAP付録P13A1

ユニバーサル・スタジオ・ジャパンで夢の時間を

ドキドキするライド、迫力満点のショー、キャラクターにも会えるし、パレードだって感動モノ！日本中、世界中に愛されるテーマパークは、訪れるたびにサプライズがいっぱいです。

PARK DATA

☎0570-20-0606　http://www.usj.co.jp/

住大阪市此花区桜島2-1-33 時曜日・時期により異なる 休無休 P約2800台（普通乗用車1日2600円～。料金は変動あり）交電車の場合：JRゆめ咲線ユニバーサルシティ駅から徒歩3分／車の場合：阪神高速5号湾岸線ユニバーサルシティ出口からすぐ MAP付録P22A1～B2

●パークへの入場には「スタジオ・パス」が必要です

入場当日、各アトラクションの体験が可能となるスタジオ・パス。パークのチケットブースのほか、オフィシャルWEBサイトのWEBチケットストア、JRのおもな駅のみどりの窓口などで購入できる。チケットは予告なく売り切れる場合があるため、早めの用意がおすすめ。

【1デイ・スタジオ・パス】
入場当日のみ有効。価格は入場日により異なる。料金目安は大人（12歳以上/中学生以上）8600円～、子ども（4～11歳／幼児・小学生）5600円～、シニア（65歳以上）7700円～。※2024年1月現在

【2デイ・スタジオ・パス】
連続した2日間有効。

【1.5デイ・スタジオ・パス】
連続した2日で、1日目は15時～、2日目は1日中有効。

行きたい！ 乗りたい！ 見たい！ 激熱エリア&アトラクション

何が何でも行きたいエリア、乗りたい・見たいアトラクションをセレクト。エリア拡張で増々注目の任天堂のテーマエリアはハズせない！

スーパー・ニンテンドー・ワールド… MAP P42

マリオの世界に入り込める最注目エリア！

世界中で大人気の任天堂・マリオシリーズの世界観を、圧倒的なスケールとクオリティで再現！ マリオカートなどのライドのほか、エリア内を歩きながらさまざまなチャレンジに挑むアクティビティもあり、マリオになってゲームの世界に入り込んだよう！ ※スーパー・ニンテンドー・ワールドに入場するには、「エリア入場確約券／エリア入場整理券」が必要です。詳細は公式WEBサイトでご確認ください。

ハテナブロックをパンチ！

リアルにパンチできるハテナブロックがフィールドに。パワーアップバンドを着けてパンチし、コインを集めよう。

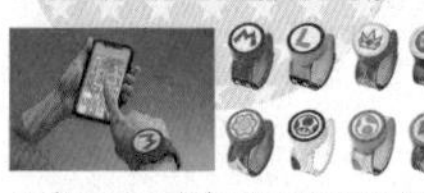

▲パワーアップバンドとスマホアプリが連動。アクティビティによってコインやスタンプが貯まっていく

キーチャレンジに挑戦！

チャレンジをクリアするとキーをゲット。一定数集めれば、クッパJr.との対決にも挑戦できます。

マリオカート ～クッパの挑戦状～

身長122cm以上(付添い者同伴の場合は107cm以上)

マリオカートに乗れる！

宿敵・クッパの挑戦を受けて白熱のカートバトルが開幕！こうらを投げて的を撃退しながら、マリオやピーチ姫とともにコースを突き進もう。

チーム制で競う白熱のレース▼

ヨッシー・アドベンチャー

身長122cm以上(付添い者同伴の場合は92cm以上)

ヨッシーと宝さがしの旅へ

キノピオ隊長を追って、ヨッシーと冒険へ！エリアを見渡す爽快な景色も魅力。

▲色とりどりのヨッシーのライド

2024年春に新エリアが拡張！ NEW 「ドンキーコング・カントリー」

◀バラエティー豊かなグッズも

世界初となる「ドンキーコング」をテーマにしたエリアがオープンし、スーパー・ニンテンドー・ワールドが1.7倍にも拡張！ さまざまな仕掛けが待つライド・アトラクションをはじめ、全身を使って遊べる新たなアソビが登場する。

新ライド「ドンキーコングのクレイジー・トロッコ」▶

◀エリア内では何もかも魔法にかかっているよう。ホグズミード村を通ってホグワーツ城へ

シーズンイベントに注目！

クリスマスなど季節限定のイベントでは、毎年異なる内容で「今だけ」のパークに出会える。例年冬〜春に行われる「ユニバーサル・クールジャパン」では、この時期だけのアトラクションも登場！

ウィザーディング・ワールド・オブ・ハリー・ポッター

ハリー・ポッター・アンド・ザ・フォービドゥン・ジャーニー

MAP P42⑯／身長122cm以上

ホグワーツ城を飛び回ろう！

『ハリー・ポッター』シリーズの名場面を凝縮したライド。箒に乗ったハリーに導かれて縦横無尽に飛び回るライドの前には、あの名シーンが次々登場。最新の4K映像で究極のリアリティを実現！

▲ドラゴンの炎やディメンターの冷気も再現、全身であの世界を体感
◀舞台はホグワーツ魔法魔術学校。岩肌の苔一つまで物語の世界を再現
▶エリア内にはあのホグワーツ特急も再現。車掌さんと記念撮影もOK

ハリウッド・エリア

ハリウッド・ドリーム・ザ・ライド
ハリウッド・ドリーム・ザ・ライド〜バックドロップ〜

「空を飛ぶ」快感コースター

MAP P42①／身長132cm以上

ハリウッド・エリア上空を飛び回ろう！ 押さえつけられるプラスGと、浮き上がるようなマイナスGが交錯、独特の「飛び心地」。後ろ向き座席で背中から発進する「バックドロップ」も超絶スリル！

▲後ろ向きライドは、先が見えない恐怖との闘い!? ◀地上43mからパークを一望。スリルと快感が交じり合う

ジュラシック・パーク

ザ・フライング・ダイナソー

MAP P42⑪／身長132cm以上198cm未満

空の彼方へぶっ飛ばされる!?

プテラノドンに背中をつかまれ、ジュラシック・パークの空を好き放題にぶん回される絶叫コースター。うつぶせ姿勢で足はぶらぶら、上空から地下洞窟まで猛スピードでフライング！

▲コース全長1124m、ファーストドロップの落下高度は37.8m！
◀地面に叩きつけられる!? と思いきや、なんと地下洞窟へ

※情報は2024年1月現在。※アトラクションやショーは予告なく変更・中止されることがあります。
※アトラクションによっては安全制限があり、規定身長に満たない方や妊娠中の方などが利用できないものもあります。

ミニオンに、エルモに会える！キャラクターと遊べる2エリア

個性豊かなキャラクターたちはパークでもとびきりの人気者。
大好きなあのキャラクターに会える・遊べる2つのエリアへGO！

ミニオン・パーク

いたずら好きの謎の生き物とハチャメチャ体験！

バナナ色のボディにオーバーオールとゴーグル姿がトレードマークのミニオンたちが、自由自在にハチャメチャを繰り広げるテーマエリア。グリーティングはもちろん、2つのライド・アトラクション、ショップやグルメでもミニオンたちの世界を満喫して！

ミニオンってこんな生き物

映画『怪盗グルー』シリーズに登場する謎の生き物。大悪党・グルーに仕えて日々悪事に勤しむ……ハズが、イタズラ好きが災いして（?）いつもハチャメチャな大騒動に！

ミニオン・ハチャメチャ・ライド …MAP P42 ⑨

ミニオンになってハチャメチャ世界へ

新たなミニオンとなったゲストは、ライドに乗ってグルー邸地下へ。無数のミニオンの間を駆け回るうち、ハチャメチャ過剰で真っ逆さま……!? 3姉妹のハートフルなエピソードにも注目です。 身長122cm以上（付添い者同伴の場合は102cm以上）

▲ミニオンたちの大騒ぎの中を、ビークルごとすっ飛んでいく!? ◀巨大なドームスクリーンの映像は、3-Dゴーグルなしで立体的な奥行きを実現

ミニオン・ハチャメチャ・アイス …MAP P42 ⑩

氷上レースは予測不能！

「巨大凍らせ銃」でカチカチに凍ったプールを、整氷車に乗ってあっちへツルツル、こっちへツルツル。どう動くか予測不能、レース中にもミニオンたちが巨大凍らせ銃を発射してくるから気を付けて！ 身長122cm以上（付添い者同伴の場合は92cm以上）

▲プールの中には氷漬けにされたミニオンの姿も！

ゲームコーナーも充実！

スペース・キラー

バズーカ1発で6つの缶を打ち落とせばクリア。1ゲームで4発トライできる。有料。

バナナ・カバナ

ハンマーでボタンを叩き、バナナを飛ばしてゴールに入れる。1ゲーム5投。有料。

ユニバーサル・ワンダーランド

3つのキャラクターの世界でファミリーで遊ぼう

セサミストリート、ハローキティ、スヌーピー！ 人気キャラクターたちが暮らす3つの街をイメージしたエリア。小さなキッズも楽しめるアトラクションやプレイランドが充実し、家族でゆっくり遊べる。キャラクターたちのグリーティングには、大人も子どもも大興奮！

人気ライドを「よやくのり」！

このマークが目印！

ユニバーサル・ワンダーランド内の一部のライドでは、利用時間を無料で予約できる。対象アトラクションのそばにある発券機で、時間を指定して予約券を発行するだけ。上手に利用して時間を有効に使おう。

ハローキティ

オシャレが大好きな女の子。世界のセレブにも人気の高い、パークのファッションリーダー！

「ピーナッツ」の仲間たち

まんまるお腹にタレ耳がキュートなスヌーピー。飼い主のチャーリーブラウン、友達のルーシーも個性たっぷり。

セサミストリートの仲間たち

好奇心いっぱいのエルモ、食いしん坊のクッキーモンスター、幸運を呼ぶモッピーなど、カラフルで楽しいモンスターたち。

パーク内ではこのキャラクターにも会えるよ！

ウッディー・ウッドペッカー
ウィニー・ウッドペッカー

シュレック&フィオナ姫

エルモのゴーゴー・スケートボード

••• MAP P42 ⑰

斜面を駆け抜ける爽快ライド！

スケートボード型のライドに乗って、エルモと一緒に弓なりのコースを行ったり来たり。急加速やくるくるスピンも加わって、予測のつかない動きに目が回りそう？ 身長122cm以上（付添い者同伴の場合は92cm以上）

フライング・スヌーピー

••• MAP P42 ⑱

スヌーピーと一緒に雲の上へ！

スヌーピーの背中に乗って、ふわりと空に飛び上がる回転型ライド。手元のレバーを操作すれば、高く飛んだり低く飛んだり思いのまま。かわいい笑顔にも癒されます。 身長122cm以上（付添い者同伴の場合は92cm以上）

ハローキティのリボン・コレクション

••• MAP P42 ⑲

ハローキティをひとりじめ！

ハローキティの最新ファッションの展示スタジオへ。最後はハローキティとの撮影タイム！ ゲスト1組ごとに案内されるので、憧れの彼女をひとりじめできちゃいます。 ¥特製ホルダー入りの写真は2面台紙付き3500円

 ※情報は2024年1月現在。 ※アトラクションやショーは予告なく変更・中止されることがあります。 ※アトラクションによっては安全制限があり、規定身長に満たない方や妊娠中の方などが利用できないものもあります。

ライドもショーも楽しみたい！ パークまるごと早わかり

お出かけ前に、気になるエリアやアトラクションを再確認。
位置関係や、効率よくまわる裏技も確かめて、パークを満喫しましょう。

パークはこうなっています！

さまざまな特徴をもつ10のエリアが広がるパーク内。物語や映画の世界、アメリカの実在の街並みなどを再現した風景もステキ！

ミニオン・パーク
ニューヨーク・エリア
サンフランシスコ・エリア
ジュラシック・パーク
ハリー・ポッターのエリアへはココから入場！
ウォーターワールド
アミティ・ビレッジ
ハリウッド・エリア
スーパー・ニンテンドー・ワールド
エントランス
JR ユニバーサルシティ駅へ
駐車場へ
ユニバーサル・ワンダーランド
ウィザーディング・ワールド・オブ・ハリー・ポッター

①～⑲ アトラクション
Ⓐ～Ⓔ レストラン
㋐～㋗ ショップ

人気アトラクション 待ち時間短縮術

ユニバーサル・エクスプレス・パス 

指定アトラクションを優先利用できる有料サービス。スマホまたは紙チケットで支給されるQRコードをアトラクション入口で提示すると、優先レーンに案内される。販売数に限りがあるので、公式WEBサイトなどで事前購入がおすすめ。

チャイルドスイッチ 

身長制限などでアトラクションを利用できない子ども連れの場合、付添い者が複数いれば、1回分の待ち時間で付添い者が交互にアトラクションを楽しめるシステム。アトラクション入口でクルーに声をかけて。

シングルライダー 無料

複数人数で乗るライド・アトラクションで半端な空席がある場合、1人で乗るゲストが優先されるシステム。入口でクルーに声をかければ、専用レーンに案内される。実施の有無は、日、時間帯、アトラクションによって異なる。

アトラクションALL LIST

ライド・アトラクション

①ハリウッド・ドリーム・ザ・ライド
パーク上空を駆け抜ける、全長1300mのジェットコースター。 ☞P39

①ハリウッド・ドリーム・ザ・ライド ～バックドロップ～
ハリウッド・ドリーム・ザ・ライドのコースを後ろ向きで！ ☞P39

⑥スペース・ファンタジー・ザ・ライド
太陽を目指して壮大な宇宙へ出発！めまぐるしく回転するライドのスペーストラベル。

⑨ミニオン・ハチャメチャ・ライド
ライドに乗って、ミニオンたちがハチャメチャ放題の研究室へ。 ☞P40

⑩ミニオン・ハチャメチャ・アイス
ミニオンたちの氷のプールに、整氷車でツルツル繰り出そう。 ☞P40

⑪ザ・フライング・ダイナソー
翼竜に背中をつかまれ、うつぶせで飛び回るジェットコースター。 ☞P39

⑫ジュラシック・パーク・ザ・ライド
恐竜たちの楽園をボートでめぐるうち、凶暴なT-REXが現れ…!?

⑭ジョーズ
遊覧ボートを襲う巨大ザメの恐怖。血塗れの歯が目の前に！

⑮ハリー・ポッター・アンド・ザ・フォービドゥン・ジャーニー
箒に乗ったハリーと一緒に、ホグワーツ城内を飛び回ろう。 ☞P39

⑯フライト・オブ・ザ・ヒッポグリフ
魔法生物をモチーフにしたジェットコースターでエリア上空へ。

ショー・アトラクション etc.

②ユニバーサル・モンスター・ライブ・ロックンロール・ショー
ビートルジュースや狼男など、モンスターたちのロックライブ。

③シュレック 4-D アドベンチャー
3-Dゴーグルでシュレックの冒険の世界へ。新感覚の4-D体験！

③セサミストリート 4-D ムービーマジック
想像力で映画の世界へ飛び込もう。シュレックと同館で交替上映。

④プレイング・ウィズ・おさるのジョージ
アニメ原画から飛び出したジョージと一緒に遊べる参加型ショー。

⑤シング・オン・ツアー
映画『SING』のキャラクターの「ホンモノ」が目の前で歌い踊る！

⑦名探偵コナン 4-D ライブ・ショー ～星空の宝石（ジュエル）～
『名探偵コナン』の世界を体感できる新次元シアター・ライブ・ショー・アトラクション

⑧フォーティセカンド・ストリート・スタジオ ～グリーティング・ギャラリー～
スヌーピーやミニオンと写真を撮れるウォークスルーアトラクション。

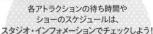

⑬ウォーターワールド
水上を舞台に、ジェットスキーや水上バイクで闘うスタントショー。

各アトラクションの待ち時間やショーのスケジュールは、スタジオ・インフォメーションでチェックしよう！

...and more!

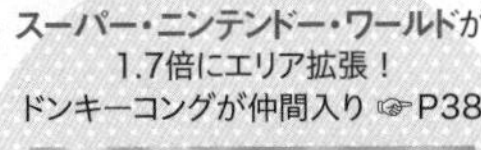

スーパー・ニンテンドー・ワールドが1.7倍にエリア拡張！ドンキーコングが仲間入り ☞P38

ユニバーサル・ワンダーランドには、キッズも楽しめるアトラクションがいっぱい！ ☞P41

パーク史上初！『名探偵コナン』がテーマのレギュラーライブ・ショーが誕生 ☞⑦

※情報は2024年1月現在。 ※アトラクションやショーは予告なく変更・中止されることがあります。
※アトラクションによっては安全制限があり、規定身長に満たない方や妊娠中の方などが利用できないものもあります。

ユニバーサル・スタジオ・ジャパンのすてきなグルメ＆グッズ

アトラクションだけじゃない、パークのもう一つのお楽しみ。
テーマ型レストランでお食事したり、かわいいおみやげも探さなきゃ！

フィネガンズ・バー＆グリル

オニオンブロッサム 1150円
陽気なアイリッシュパブでは、アルコールメニューも充実。ビアーカクテル グリーンビール（ハーフヤード）1300円などで盛り上がろう。MAP P42Ⓐ

ルイズ・N.Y.ピザパーラー

ルイズ・ピッツァセット 1450円～
人気イタリアンのセット。4種から1品が選べるピッツァに、フライドポテトとソフトドリンク（R）が付く。写真はマルゲリータ～トマト&バジル～1750円 MAP P42Ⓑ

グルメ GOURMET

メルズ・ドライブイン

BBQベーコン チーズバーガーセット 1800円
ヴィンテージカーに囲まれた50's風バーガーショップ。ボリュームたっぷりのハンバーガーに、フライドポテト、ドリンク付き。MAP P42Ⓓ

ハピネス・カフェ

ミニオン・バーガープレート 2100円
倉庫をとびきりポップに改装した店内で、ミニオンをデザインしたバーガーを。食事メニューは全てドリンクバー付き。MAP P42Ⓒ

スヌーピー・バックロット・カフェ

スヌーピー・キッズセット 1000円
「『ピーナッツ』の仲間たちが集まるカフェ」がテーマ。サンドイッチやパスタのほか、11歳以下限定のキッズメニューも人気。MAP P42Ⓔ

手軽にサクッと！ 食べ歩きフード

ターキーレッグ 1本1000円
ガブッとかぶりつけば肉汁がほとばしる！

ミニオンまん ～ハチャメチャカレー～ 700円
ふわふわの顔にスパイシーなカレー入り

ミニオンクッキーサンド 600円～
ティムクッキーサンド 550円～
かわいいお顔のクッキーにバナナアイス&フルーツや、チョコマシュマロなどをサンド

チュリトス各種 1本560円～
サクサク食感が◎。季節のフレーバーも登場

ゲームに挑戦して アイテムをゲット

パーク内には数カ所のカーニバルゲームスポットも。ボールで的をねらったり、コインを投げてお皿に入れたり、様々なゲームを楽しめます（有料）。クリアすればかわいいオリジナル景品も！

グッズ GOODS

ガムボールマシーン
4200円
ポップなガムマシーンから色とりどりのボールガムが。何色が出てくるかな？カ

ぬいぐるみハット
マリオとルイージのシンボルともいえるハットでなりきり！ウ

アソートスウィーツ
土管から飛び出すマリオのボックスにお菓子がいっぱい♪ウ

ぬいぐるみ（M）4200円
もふもふでかわいいスタンダードなスヌーピー。おすわりポーズだからどこにでも飾れます ク

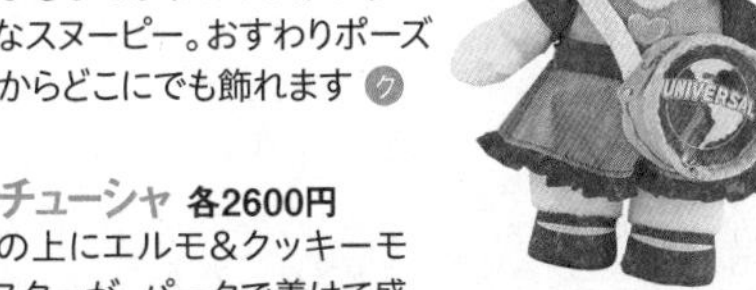

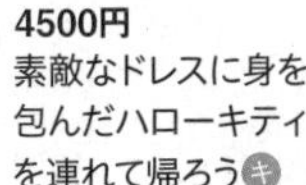

ぬいぐるみ
4500円
素敵なドレスに身を包んだハローキティを連れて帰ろうキ

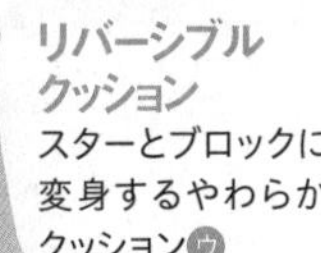

リバーシブルクッション
スターとブロックに変身するやわらかクッションウ

カチューシャ 各2600円
頭の上にエルモ&クッキーモンスターが。パークで着けて盛り上がろうイ

パスタスナック
2300円
口を大きくあけたジョーズの中身はソルト味のスナックオ

ココで買えます

- ア カリフォルニア・コンフェクショナリー
- イ セサミストリート・キッズ・ストア
- ウ ワンナップ・ファクトリー
- エ ハローキティ・デザイン・スタジオ
- オ アミティ・アイランド・ギフト
- カ スウィート・サレンダー
- キ ファン・ストア
- ク スヌーピー・スタジオ・ストア

※ア～クの記号はP42のMAPと対応しています。

※情報は2024年1月現在。　※レストランやカートは季節・時間帯により営業を休止することがあります。
※メニュー・グッズの内容や価格は予告なく変更されることがあります。また品切れの際はご了承ください。　※価格の表記がないグッズは、パークでご確認ください。

テーマパークのあとに!

ユニバーサル・シティウォーク大阪

ゆにばーさる・していうぉーくおおさか

ユニバーサル・シティウォーク大阪

食・買・遊が大集合!

JRユニバーサルシティ駅からパークへのアプローチにある複合商業施設。3〜5階の3フロアは陽気なアメリカンムードでいっぱい! 気軽なテイクアウトフードをはじめ、レストランやみやげ店などが軒を連ねる。たこ焼などの大阪名物を独特のムードで楽しんだり、映画がモチーフのレストランで主役気分になったりと、まるでもう一つのテーマパーク!

DATA ☎06-6464-3080 住大阪市此花区島屋6-2-61 ⏰3階10〜22時、TAKOPA・4階グッズ11〜22時、レストラン11〜23時 休無休 P299台(有料) 交JRゆめ咲線ユニバーサルシティ駅から徒歩すぐ MAP付録P22B2

アメリカンなサインが彩る街。中へ入るとダンスフロアのような仕掛けが

はーどろっくかふぇ

ハードロックカフェ

ロックをテーマにしたアメリカ料理レストラン

著名ミュージシャンのギターや衣装などが飾られた、博物館のような店内。ノンストップで流れる音楽を聞きながら、ボリューム満点のアメリカ料理を楽しめるエンターテイメント空間だ。アルコールも充実!

DATA ☎06-4804-3870/4階 ⏰11〜23時(季節により異なる)

ゆにばーさる・すたじお・すとあ ゆにばーさる・していうぉーくおおさかてん

ユニバーサル・スタジオ・ストア ユニバーサル・シティウォーク大阪店

パーク外最大級のオフィシャルショップ

パークのオフィシャルグッズを扱う。3階ではカチューシャや帽子などパークで身に着けて楽しめるグッズ、4階ではおみやげにぴったりのお菓子やぬいぐるみなどが揃う。

DATA ☎0570-20-0606(パークインフォメーションセンター)/3・4階 ⏰8〜22時(季節により異なる)

ばば・がんぷ・しゅりんぷ

ババ・ガンプ・シュリンプ

世界中に40店舗余りを展開するレストラン

映画『フォレスト・ガンプ』をテーマにしたシーフードレストラン。シュリンパーズネットキャッチのレギュラーサイズ2409円(税サ込、写真手前)など、本場アメリカ南部のエビ料理を堪能できる。

DATA ☎06-4804-3880/5階 ⏰11〜23時(季節により異なる)

ゆにばーさる・すたいる・すとあ

ユニバーサル・スタイル・ストア

身に着けグッズが充実

ハット、トップス、小物など、パークでマストハブのさまざまな身に着けグッズを揃えるセレクトショップ。どれもタウンユースにもおすすめなポップでおしゃれなテイスト。

DATA ☎0570-20-0606(パークインフォメーションセンター)/3階 ⏰8〜22時(季節により異なる)

たこぱ

TAKOPA

人気のたこ焼6店舗を食べくらべ!

大阪を代表するたこ焼店が集結! 元祖たこ焼「会津屋」、アメリカ村の実力派「甲賀流」、オマール海老のだしを使う「玉屋」など全6店舗、食べくらべゾーンに持ち寄ってたこ焼パーティもOK。

DATA 4階 ⏰11〜22時(季節により異なる)

ぽっぷこーんぱぱ

ポップコーンパパ

種類の多さは日本一!?

32種類のフレーバーが揃うポップコーン専門店。個性的なフレーバーでおもしろ味のポップコーンがズラリ、季節限定メニューも見逃せない。キャラメルナッツレギュラーサイズ630円や、うめかつおレギュラーサイズ470円がオススメ。

DATA ☎06-4804-3808/3階 ⏰9〜22時(季節により異なる)

column

光と音のエンターテインメント『SPECTA 〜 UNIVERSAL LIGHT SHOW 〜』

映画館でしか見られない"ユニバーサル・ピクチャーズ予告編"などを、国内の屋外スクリーンで最も早く公開する、光と音のエンターテインメントショー。映像と連動した壮大な光・音楽の演出は圧巻! 場所:ユニバーサル・シティウォーク大阪3階 ¥観覧無料 ⏰毎日開催、18時 〜22時30分(季節により異なる)

おしゃれな雰囲気漂う旬なタウンをのんびりおさんぽ♪

大阪の中心街を少しはずれると、可愛らしいカフェやショップなどが立ち並ぶ街があちらこちらに。アートスポットが集まる中之島、おしゃれカフェや雑貨店が並ぶ堀江や中崎町、大阪コリアタウンの鶴橋など、新たな大阪の魅力を発見しましょう。

ミュージアムが集まる中之島でアートさんぽ♪

梅田の南側に横たわる、2本の川に挟まれた中之島。
文化施設が多く集まるエリアで美術館めぐりをしましょう。

1 1～5階まで広がる、吹き抜けのパッサージュ（遊歩空間） 2 黒い箱のような外観が特徴。1～2階は誰でも出入りできる

おおさかなかのしまびじゅつかん

大阪中之島美術館 1

最新の大阪アート発信拠点

2022年に開館した美術館で、国内外の近現代美術やデザイン作品を6000点以上所蔵する。話題性の高い多彩な企画展やイベントを続々と開催。最先端のアート体験ができる。
☎06-6479-0550 住大阪市北区中之島4-3-1 ¥展覧会により異なる 時展示室10～17時（入場は～16時30分）※ショップは店舗により異なる 休月曜（祝日の場合は翌平日） P72台有料 交地下鉄四つ橋線肥後橋駅から徒歩10分 MAP付録P13B2

SHIP'S CAT(Muse)
ヤノベケンジ
現代美術家・ヤノベケンジ氏の作品は美術館の守り神。鑑賞自由

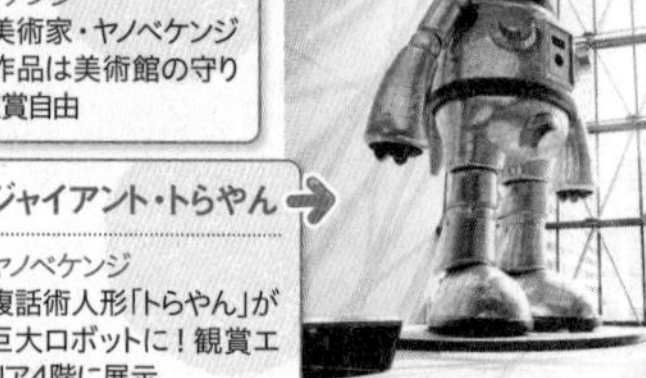

ジャイアント・トらやん
ヤノベケンジ
腹話術人形「トらやん」が巨大ロボットに！観賞エリア4階に展示

SHOP&CAFEもチェック ※営業時間・休みは変動の場合あり

1階 カフェレストラン
みゅぜからと
ミュゼカラト
大阪で10店舗の飲食店を手掛ける唐渡泰シェフの店。野菜を生かした彩り豊かな食事やカフェメニューが楽しめる。
☎06-6940-7025 時11～21時（19時30分最終入店、20時30分LO） 休不定休

▲テラスもある全128席の広々スペース

2階 ミュージアムショップ
どっと とぅー どっと とぅでい
dot to dot today
関西ゆかりのアーティストやデザイナーとのコラボグッズなど、アート好きの心をくすぐるアイテムが約700点！ ☎080-4701-5219 時10～18時 休月曜（祝日の場合は翌平日）

▼部屋に飾りたくなるおしゃれなアイテムがずらり

地下鉄四つ橋線
堂島
渡辺橋北詰
出入橋
中之島ガーデンブリッジ
渡辺橋南詰
田蓑橋北詰
渡辺橋駅
田蓑橋南詰
ダイビル本館
4
玉江橋北詰
中之島フェスティバルタワー・ウエスト
中之島
肥後橋北詰
三井住友銀行大阪本店ビル
関西電力本店
1
玉江橋南詰
山内ビル P.113
肥後橋
市立科学館前
大同生命大阪本社ビル
2
堂島川
肥後橋南
筑前橋北詰
肥後橋駅
大阪市立科学館（2024年夏まで休館）
北区
中之島駅
土佐堀川
リーガロイヤルホテル
常安橋北詰
グランキューブ大阪
中之島
堂島大橋南詰

レトロビルがたくさん！
明治、大正～昭和初期に建てられた西洋建築が点在。往時のモチーフを生かして建て直されたビルも多い。☞P50

こくりつこくさいびじゅつかん

国立国際美術館 ②

外観からアーティスティック! 完全地下型美術館

銀色の骨組みが青空に映える外観は、竹をモチーフに現代美術の可能性を表現したもの。現代美術を中心としたコレクション展のほか、多角的な視点で現代アートの"今"を伝える企画展を開催する。

1 地上1階から地下2階は開放感のある吹き抜け 2 空に伸びていく曲線が美しい。展示は地下2・3階
写真提供：国立国際美術館

☎06-6447-4680 住大阪市北区中之島4-2-55 ¥コレクション展430円、特別展は展覧会により異なる 🕒10～17時(金・土曜は～20時) 休月曜(祝日の場合は翌日)、展示替えの期間 Pなし 交地下鉄四つ橋線肥後橋駅から徒歩10分 MAP付録P13B2

1 緑に溶け込むように立つ美術館 2 国宝・飛青磁 花生は14世紀、元時代の作

おおさかしりつとうようとうじびじゅつかん

大阪市立東洋陶磁美術館 ③

2024年春にリニューアルオープン!

中国、韓国、日本の陶磁器を専門に集めた美術館。世界的に有名な安宅コレクションを中心に、約5500点の作品・資料を収蔵する。2024年春までリニューアル工事のため休館中。

☎06-6223-0055 住大阪市北区中之島1-1-26 ¥展覧会により異なる 🕒9時30分～17時 休月曜(祝日の場合は翌日)、展示替え期間 Pなし 交京阪・地下鉄各線北浜駅から徒歩5分 MAP付録P12E2

なかのしまこうせつびじゅつかん

中之島香雪美術館 ④

朝日新聞社創業者の貴重なコレクションを展示

朝日新聞の創業者・村山龍平が収集した仏教美術や絵画、茶道具など、日本や東洋の古美術品を紹介する。館内の造りは"市中の山居"がイメージされ、静謐な空間が広がる。

☎06-6210-3766 住大阪市北区中之島3-2-4 中之島フェスティバルタワー・ウエスト4階 ¥展覧会により異なる 🕒10～17時(入館は～16時30分) 休月曜(祝日の場合は翌日)、展示替えの期間 Pフェスティバルシティ駐車場約30台利用(有料) 交地下鉄四つ橋線肥後橋駅から徒歩すぐ MAP付録P13B2

1 神戸・御影の旧村山家住宅の茶室「玄庵(げんなん)」を原寸大で再現 2 旧村山家住宅の洋館居間の再現展示も見もの

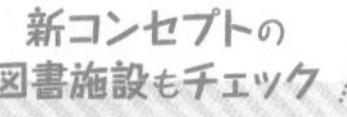

新コンセプトの図書施設もチェック

こどもほんのもり なかのしま

こども本の森 中之島

大人も子どももワクワクできる空間

安藤忠雄氏が設計し、大阪市に寄贈した新感覚の文化施設。「自然とあそぼう」「体を動かす」といった12のテーマに分けて絵本や図鑑が並べられ、無限の創造力と好奇心を育む。☎06-6204-0808 住大阪市北区中之島1-1-28 ¥無料※入館方法は公式WEBサイトを参照 🕒9時30分～17時(90分入れ替え制) 休月曜(祝日の場合は翌平日)、蔵書整理期間 Pなし 交京阪中之島線なにわ橋駅すぐ、または地下鉄各線北浜駅から徒歩5分 MAP付録P12E2

▲館内3フロアの壁が本棚。中之島公園への持ち出し可

北浜～淀屋橋で レトロ建築&カフェめぐり

明治、大正、昭和初期に建造された洋風建築が点在し、カフェが入るビルも。時代を超えた空間でゆったりと過ごしましょう。

©大阪市中央公会堂

淀屋橋 おおさかし ちゅうおうこうかいどう

大阪市 中央公会堂

BLDG. DATA
築年：大正7年(1918)
原案：岡田信一郎
実施設計者：辰野金吾・片岡安
内部見学：地下1階共有部および展示室

大正期のネオ・ルネッサンス様式の特徴が随所に

赤レンガが水辺に映える 大阪を代表するレトロ建築

100年以上の歴史をもつ貸館施設で、かつてヘレンケラーやアインシュタインなどの講演も行われた重要文化財。現在も講演会やコンサートイベントで利用され、文化・芸術の拠点として親しまれている。☎06-6208-2002(～20時) 住大阪市北区中之島1-1-27 ◷9時30分～21時30分(地下1階展示室は～20時) 休第4火曜(祝日の場合は翌平日) P18台（有料）交各線淀屋橋駅から徒歩5分 MAP付録P12D2

▲地下1階の展示室では公会堂の歴史を紹介。見学自由 ©大阪市中央公会堂

レトロビルレストラン

なかのしまそーしゃるいーと あうぇいく

中之島ソーシャルイート アウェイク

社交場として使われていたスペースをクラシックとモダンが調和した空間にリノベーション。洋食&フレンチテイストの料理が気軽に味わえる。☎06-6233-9660 ◷11～21時LO ※変動の場合あり 休第4火曜（祝日の場合は翌日）

▲広い空間にダイニングエリア、バルエリアがある

名物 牛肉煮込みのオムライス（サラダ付）1450円（ランチ価格）
とろとろになるまで煮込んだ牛肉とデミグラスソースが絶品

淀屋橋 おおさかふりつなかのしまとしょかん

大阪府立 中之島図書館

中之島での最古格の ギリシア風重厚建築

財閥・住友家の寄附により建てられた、商都の記念碑的建築。正面玄関には、柱頭に壮麗な彫刻を施したコリント式円柱が並び、ギリシア神殿を思わせる荘厳さを醸す。現在も現役の図書館だ。☎06-6203-0474 住大阪市北区中之島1-2-10 ◷9～20時(土曜は～17時) 休◷日曜、祝日 Pなし 交地下鉄御堂筋線淀屋橋駅から徒歩4分 MAP付録P12D2

BLDG. DATA
築年:明治37年(1904)
設計者：野口孫市ほか
内部見学：開館中は可

1 大正11年（1922）に両翼が増築され、ほぼ現在の姿に 2 天井のステンドグラスが美しい、円形ドーム状の中央ホール

スタータースモーブロー 各600円
前菜感覚で楽しめるミニサイズ。各食材のおいしさが際立つ

レトロビルカフェ

すもーぶろーきっちん なかのしま

スモーブローキッチン ナカノシマ

▲大きな窓が配された高天井の空間

図書館の一室をリノベーションしたスペースで、デンマークの郷土料理・スモーブローを提供。さまざまな具材をのせたライ麦パンのオープンサンドを堪能して。☎06-6222-8719 ◷9～17時(金・土曜は～20時) 休不定休

重厚な
レトロ橋にも注目

西天満から中之島を通って北浜へ渡る「難波橋」は大正4年(1915)築。大阪に現存する橋で最も古いものの一つ。水都のレトロ観光で見逃せないスポットです。
MAP付録P12E2

北浜 きたはままれとろびるぢんぐ

北浜 レトロビルチング

英国の意匠が見られる2階建ての洋館

イギリスのグラスゴー派の影響が見られる地上2階、地下1階のレンガ造りで、1、2階で異なるファザードが特徴的。旧株仲買商事務所で国登録有形文化財に指定されている。☎06-6223-5858(北浜レトロ) 住大阪市中央区北浜1-1-26 ⏰11～19時(土・日曜、祝日は10時30分～) 休不定休 Pなし 交地下鉄堺筋線北浜駅から徒歩すぐ MAP付録P12E2

BLDG. DATA
築年:明治45年(1912)
設計者:不明
内部見学:可

▲ペパーミントグリーンの屋根が特徴的

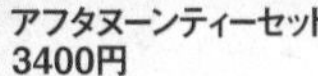

レトロビルカフェ

きたはままれとろ

北浜レトロ

純英国スタイルのティーサロン。ウェッジウッドの食器、シルバーのカトラリーで提供されるエレガントなティータイムを過ごすことがでる。☎ビルに準ずる

アフタヌーンティーセット 3400円
イギリスの伝統的なレシピを再現した豪華アフタヌーンティー

▲アンティークの調度品が本場の雰囲気を醸す

淀屋橋 しばかわびる

芝川ビル

▲屋上のテラスではイベントが行われることも

BLDG. DATA
築年:昭和2年(1927)
設計者:渋谷五郎ほか
内部見学:一部可

斬新な古代中南米の装飾に注目

大阪船場の富商が建てた個性的な西洋建築。交差点に面してアールを描く玄関には、マヤやインカの遺跡を思わせる装飾が。飲食店やショップが入り、若者の往来も多い。

☎なし 住大阪市中央区伏見町3-3-3- Pなし 交地下鉄御堂筋線淀屋橋駅から徒歩すぐ MAP付録P12D3

レトロビルカフェ

もーる あんど ほそい こーひーず

Mole & Hosoi Coffees

地下1階、旧金庫室のなかにある、隠れ家のような喫茶店。こだわりのドリップコーヒーとスイーツ、軽食を提供する。入店は1組2名まで。☎06-6232-3616 ⏰11時30分ごろ～19時ごろ(土・日曜、祝日は12時ごろ～18時ごろ)※別途ラストオーダーあり 休月曜、ほか不定休(月曜を含め月に6～8回、SNSで告知)

▼ハイスツール9席のバーのような空間

モールブレンド 500円
大阪・天満橋の星霜珈琲店が焙煎したオリジナルの豆を使用。コクと苦味がありながら角がまろやかな味わい

北浜レトロは、近代建築再生の可能性を開拓した、まさに先駆けの存在。「レトロビル」という呼び名もここから生まれたとか。

おしゃれなカフェが急増中！鶴橋の大阪コリアタウンへ

本場さながらの異国情緒漂う鶴橋は、「韓国っぽカフェ」の聖地。
おしゃれな雑貨店も巡りながら、個性派メニューを食べ歩きましょう。

左から、チョコミント 460円
ウユクリーム 460円、カヤバター 500円
フレーバーは16種。人気ナンバー1のミルク味が濃厚なウユクリームや、大阪限定のカヤバターはマスト

専門店 はろーどーなつ つるはしてん

Hello! Donuts 鶴橋店

映えるドーナツがキュートにスタイバイ

東京・新大久保で人気の韓国ドーナツ専門店の関西1号店。ふわふわしっとりのドーナツ生地にバラエティー豊かなクリームを詰め込んだカラフルなラインナップで、甘党をトリコに。

☎06-6736-5669 住大阪市東成区東小橋3-10-24 ⏰8～20時 休無休 Pなし 交JR・地下鉄各線鶴橋駅から徒歩2分 MAP付録P18F1

2階のイートインフロアには撮影用のスペースもある▶

▲イエローとグリーンが基調のポップな壁が目印

手前から、
にんじんソルギ
カボチャ黒ゴマラテ
ヨモギミスカルラテ
各650円
生米粉を蒸した餅スイーツ・ソルギや、栄養満点のヨモギミスカルラテなど、どれも甘さ控えめで優しい味

1 2階建てのオシャレな店内。テイクアウトメニューもあり 2 住宅街の中にあるスタイリッシュな雰囲気の店

カフェ どうどじかふぇ

ドゥドジカフェ

手作りの韓国スイーツにほっこり

昔ながらの長屋を改装したナチュラル店構えで、かわいらしくアレンジした韓国デザートや現地の定番ドリンクが味わえる。ほっとする味わいのカフェメニューとともにのんびりと過ごそう。 ☎なし 住大阪市生野区桃谷3-15-13 ⏰11～18時（17時30分LO）休水曜、第1・3・5木曜 Pなし 交JR大阪環状線桃谷駅から徒歩12分 MAP付録P18F2

カフェ らぶ みんと

love MINT

ミントが主役のポップなスイーツ店

話題のミントスイーツ専門店。人気のチョコミントシェイクのほかミントチーズケーキ520円など爽やかなミントが香るスイーツを揃える。ミントグリーンと白が基調の店内で撮影しながら味わって。 ☎なし 住大阪市生野区桃谷5-5-9 2階 ⏰10時30分～17時30分 休無休 Pなし 交JR・地下鉄各線鶴橋駅から徒歩15分 MAP付録P6F2

チョコミントシェイク 700円
（オレオ1枚＋10円）
チョコミントのアイスをベースに、自家製のミントホイップがたっぷり♪

▲外壁のツートンカラーが目印。ビルの2階にある

韓国にプチトリップ！
大阪コリアタウンへ

鶴橋駅から徒歩15分ほどにある大阪コリアタウンは、界隈でもよりディープに韓国気分が味わえるエリア。本場の手作りキムチや、B級グルメ、スイーツの屋台が並び、現地さながらの雰囲気を堪能できます。 MAP付録P18F1

オリジナルワッペン体験
ワッペン1個110円
お店で買った布製品に約1300種あるワッペンを貼り付ける体験。オリジナルアイテムを作ろう！

雑貨 ぼむかふぇ

BOM CAFE

ワッペン作りもできる韓国の生活雑貨店

食器や文具といったプチプラ雑貨から、韓国クリエーターによる一点ものハンドメイドアイテムまで扱う豊富な品揃えの雑貨店。韓国も人気のオリジナルワッペン体験も好評だ。 ☎06-4400-0613 住大阪市生野区桃谷5-7-31 ⏰10～18時 休無休 Pなし 交JR・地下鉄各線鶴橋駅から徒歩16分 MAP付録P6F2

▲色とりどりの雑貨が並ぶ店内はとってもカラフル

▲雑貨でおすすめは韓国伝統のヌビ生地を生かしたバッグ

洪(ホン)先生の鉄板めし 1200円
ニシンの卵入りチャンジャやスパムをのせたご飯をオムライス風に。野菜もたっぷり！

カフェ・雑貨
ながれるせんねん

流れる千年

「薬食同源(やくしょくどうげん)」がテーマの韓国カフェ

おいしくヘルシーに食事をとる「薬食同源」の考えを発信。韓国料理研究家のオーナーが考案したランチメニューや、名物のかき氷・パッピンス1000円などを提供する。 ☎06-6716-7111 住大阪市生野区桃谷4-4-10 ⏰11～17時(カフェは平日～16時) 休火曜 Pなし 交JR・地下鉄各線鶴橋駅から徒歩12分 MAP付録P6E2

1 王朝時代の貴族階級の邸宅をイメージした2階のカフェ 2 1階店頭には韓国の伝統茶やお菓子、雑貨を販売

カフェ あと ろびー らうんじ

Ato lobby/lounge

韓国×イタリアンの長屋リゾートカフェ

韓国のホテルでの勤務経験のあるシェフが、韓国料理とイタリアンを掛け合わせた創作ランチと、スイーツを提供。リゾート地のカフェを思わせるようなリッチな空間で、ホテルクオリティの味を堪能できる。 ☎080-3861-4732 住大阪市生野区鶴橋2-15-7 ⏰10時30分～17時30分 休金曜 Pなし 交JR・地下鉄各線鶴橋駅から徒歩4分 MAP付録P18F1

1 長屋を完全リノベーションした広い店内 2 和の風情も生かしたシックな佇まい

手前から、
ブリュレキャロットケーキ 630円
カンノーリ（ピスタチオ）550円
ダルゴナラテ 660円

チーズ、メイプルシロップなどさまざま素材から作る多層的な味わいのキャロットケーキや、シチリアのお菓子・カンノーリが人気。カルメ焼をくずして飲むビターなカフェラテも大人な味でおすすめ

鶴橋駅を降りてすぐの「鶴橋商店街」エリアには焼肉の名店が集結（☞P28）！本場韓国ディナーが楽しめます。

高感度なショップが集まる堀江をのんびり散策♪

オレンジストリート（立花通）周辺を中心に家具店やセレクトショップ、カフェなどが集まる堀江タウン。キュートなスイーツも楽しみつつおさんぽしましょう。

びおとーぷ おおさか
BIOTOP OSAKA

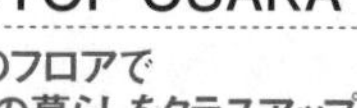

3つのフロアで都会の暮らしをクラスアップ

◀ボタニカルショップ・NURSERIES（ナーセリーズ）も併設

▼1・2階には国内外から厳選されたアイテムがセンスよく並ぶ

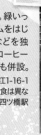

オレンジストリートに面した大型店。緑いっぱいの店内に、ファッションアイテムをはじめ、生活雑貨やコスメ、グリーンなどを独自の視点でセレクトする。1階にはコーヒースタンド、屋上にはテラスレストランも併設。

☎06-6531-8223 住大阪市西区南堀江1-16-1 ⌚11～20時（NURSERIESは～19時、飲食は異なる） 休不定休 Pなし 交地下鉄四つ橋線四ツ橋駅から徒歩4分 MAP付録P15B2

▲パリ発の人気フレグランスブランド「OBVIOUS」のフレグランス各1万7600円

◀和木のフレグランス「KITOWA」のインセンススティック。ヒノキ、ヒバ、クスノキ、40本入り各5500円

Cafeもチェック！

くびえるた
CUBIERTA

▼ティラミス1540円

屋上のカフェでは、窯焼きピッツァやサイドディッシュを緑あふれるルーフトップで楽しめる。⌚11～22時LO

▲ハイセンスなコーディネートを参考に

てぃーしー たいむれす こんふぉーと みなみほりえてん
T.C/タイムレス コンフォート 南堀江店

おしゃれな暮らしのアイテムがいっぱい♪

日々の生活を心地よくする、機能的でデザイン性の高いインテリアや生活雑貨、上質な家具を豊富に取り揃える。天然素材の味わいや特徴が際立つ、長く使いたくなるアイテムを探しにいこう。

☎06-6533-8620 住大阪市西区南堀江1-19-26 ⌚11～19時 休無休 Pなし 交地下鉄四つ橋線四ツ橋駅から徒歩5分 MAP付録P15B2

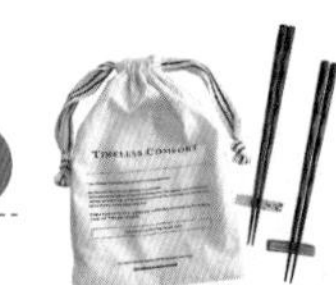

◀「Homeland」の箸セット5720円。若狭塗の箸と信楽焼箸置きをオリジナルギフトバックに

▶「Sankara.」のWストライプクッションカバー5280円。ヨーロッパリネンの生成り生地を使用

Cafeもチェック！

てぃーしー かふぇ みなみほりえ
T.C cafe 南堀江

オリジナルソースがかかった、手づくりランチプレート1210円（ランチと土・日曜は価格変更あり）が人気。⌚11時～18時30分LO

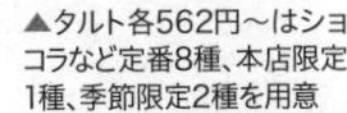

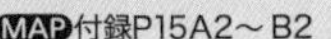

お買い物は立花通（通称・オレンジストリート）で

家具の街から発達した立花通は、今やミナミ随一のオシャレストリート。堀江散策はまずココから始めましょう。MAP付録P15A2～B2

まるさんかくしかく きたほりえほんてん

○△□ 北堀江本店

▲タルト各562円～はショコラなど定番8種、本店限定1種、季節限定2種を用意

食べ歩きもしやすいかわいいタルトで人気

色とりどりの美しいタルトは、女性の口でもパクっと食べやすいサイズ。フォークなしでも食べられる専用台紙付きの個包装なので、テイクアウトで気軽に頬張れるのも魅力だ。

☎06-6537-7338 住大阪市西区北堀江1-17-1 Cor bld.1F 営11～19時 休不定休 Pなし 交地下鉄四つ橋線四ツ橋駅から徒歩3分 MAP付録P15B2

▲シックな店構え。イートイン用スペースが4席ある

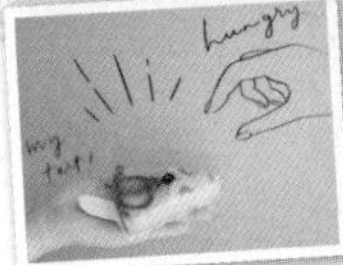

◀本店限定のフレッシュフルーツは数量限定

▼小ぢんまりとしたお店で、イートインは4席

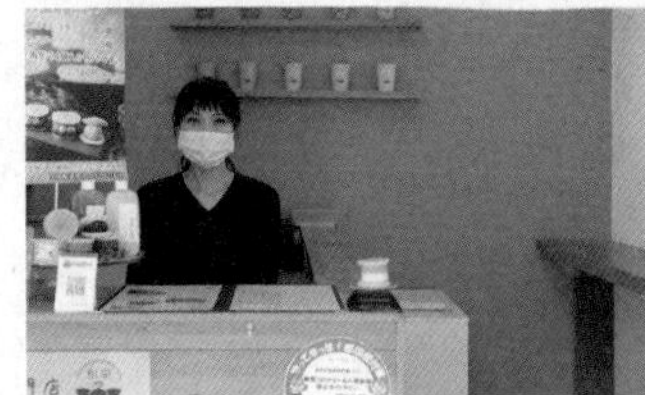

わか きたほりえ

和果 北堀江

コロンと小さくて分厚い生どら焼き

白玉粉入りのもっちりした皮で、ムースやあんこをはさんだ生どら焼き「和かろん。」が評判。定番6種のに季節のフレーバーも登場する。イートインなら「お団子。」2本440円もおすすめ。

☎06-6533-5050 住大阪市西区北堀江1-11-6 営11～18時 休木曜 Pなし 交地下鉄四つ橋線四ツ橋駅から徒歩2分 MAP付録P15B2

▲和かろん。1個432円～。味はあんバター、ブルーベリーチーズなど。ワインにもあわせたい本格和スイーツ

▼人気の窓際の席。どこも絵になる素敵な空間

▲左からラズベリーエイド650円、黒ゴマラテ650円、白ブドウケーキ630円。並べるだけで映える

かふぇ いれぶん

Cafe Eleven

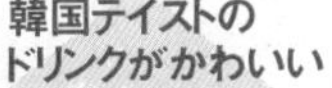

韓国テイストのドリンクがかわいい

韓国の隠れ家カフェをイメージした店で、ハングルがあしらわれたグラスやシンプルな空間がとってもおしゃれ。愛らしいビジュアルのケーキやドリンクをゆっくり堪能して。

☎なし 住大阪市西区南堀江3-3-3 営11時30分～18時30分（18時LO） 休不定休（公式インスタグラムで告知） Pなし 交地下鉄各線西長堀駅7-B出口から徒歩7分 MAP付録P15A2

べる えぽっく めいはおにえんだい

Belle Époque 美好年代

ビジュアルがキュートなイチゴのドーナツ

台湾で人気のカフェの日本1号店。フレッシュなイチゴがのった、ひと口サイズの丸いドーナツが、かわいい見た目と手づくりの味わいで大人気。タピオカがのるチーズスフレや食事系メニューもおすすめ。

☎06-7171-0037 住大阪市西区北堀江1-16-9 営9～18時（17時30分LO）※デザートは12時～ 休不定休 Pなし 交地下鉄四つ橋線四ツ橋駅から徒歩2分 MAP付録P15B2

▼ポップなポスターなどで彩られた明るい店内

▲ドーナツいちご1480円は生地がもちもちで美味。甘さ控えめのいちごミルク850円とあわせてぜひ ※いずれも11～5月ごろ限定

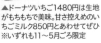

メインストリート以外に北堀江にも隠れ家的なショップやカフェが点在するのでのんびり散策しましょう。

町家の残る町並み 空堀(からほり)・谷六周辺を歩く

昔ながらの町並みの中に、若い感性のお店も点々。
古い町家を生かした店で、きっと新しい出会いがあるはず。

からほり れん

からほり れん len

和と洋、今と昔の融合を体感できる建物

江戸時代から大正末にかけて建てられた歴史ある建物を再生させた複合ショップ。古びた廊下や急な階段など、随所に往時の面影を残している。町家づくりの魅力を生かし、中庭を中心にカフェや雑貨店、レンタサイクルなど多種多様な13店舗が入りまじり、ゆるやかにつながっている。

☎078-811-4405 住大阪市中央区谷町6-17-43 ⓛ11～19時(一部飲食店は延長) 休水曜(祝日の場合は営業) P周辺あり 交地下鉄長堀鶴見緑地線松屋町駅から徒歩すぐ MAP付録P14E2

▲登録有形文化財に指定された建物

▲風情ある日本家屋。中庭にも出られる

<練1・2F／スイーツ>

えくちゅあからほりくらほんてん

エクチュア からほり「蔵」本店

日本人の味覚に合わせた繊細な味わいを作りだす、大阪発ショコラブランド。築200年以上の蔵を生かし、喫茶スペースもあり。

☎06-4304-8077
ⓛ11～20時(19時30分LO)
休水曜

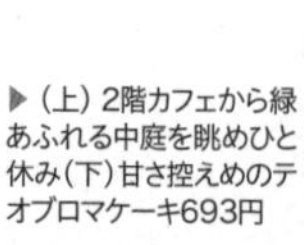

▶(上) 2階カフェから緑あふれる中庭を眺めひと休み(下)甘さ控えめのテオブロマケーキ693円

▼3種の日替わりカレーから2種を選ぶカレー膳1150円～

きゅうやむてい

旧ヤム邸

名物は日替わりのあいがけ薬膳カレー

小麦粉不使用の薬膳カレーで、カレーシーンを牽引する「旧ヤム」の本店。旬の野菜や丁寧に仕込んだ肉類など、食材の良さを生かしたカレーは日替わりで、足繁く通うリピーターも多い。レトロな調度品が配された空間も魅力。

☎06-6762-8619 住大阪市中央区谷町6-4-23 ⓛ11時30分～14時LO、18～21時LO(日曜、祝日の月曜はランチ11時20分～、ディナー～20時LO) 休月・火曜(祝日の場合は営業、水曜休) Pなし 交地下鉄谷町線谷町六丁目駅4番出口から徒歩5分 MAP付録P14F2

リアルな下町・空堀(からほり)商店街へ

界隈を東西に延びる空堀商店街には、激安スーパーと個人商店が軒を連ねて共存。夕方には親子連れで賑わい、昔ながらの地元の風情を感じられます。
MAP付録P14E2～F2

そう 惣

空堀の魅力を伝える複合ショップ

大正時代の長屋を再生した建物で、北長屋と南長屋に全9店舗が入る。カフェやバー、ギャラリーに寿司店、着物・和裁店など、新旧の融合を試みる様々な店舗が集まりひとつの町のよう。

☎06-6538-4880（山根エンタープライズ）住大阪市中央区瓦屋町1-6-2 ⏰11～19時（一部店舗により異なる）休水曜（祝日の場合は店舗により異なる）Pなし 交地下鉄長堀鶴見緑地線松屋町駅から徒歩5分 MAP付録P14E2

▲洋菓子とケーキのお店「moitie」のフロランタン2本入り300円

▶色鮮やかな「カフェぞうりサマー」。1万7710円

▲牛革使用の「カフェぞうり」。2万2550円

ひしやかれんぶろっそ 菱屋カレンブロッソ

老舗鼻緒メーカーのプライベートブランド

ゼブラモチーフの西陣織鞄や革小物、色鮮やかな履物がメイン。オシャレに歩くために作られた「カフェぞうり」シリーズは、和装でも洋装でも履きやすく人気。

☎06-6191-5232 住大阪市中央区谷町6-18-5 ⏰11時～19時30分 休日曜 Pなし 交地下鉄長堀鶴見緑地線松屋町駅から徒歩3分 MAP付録P14F1

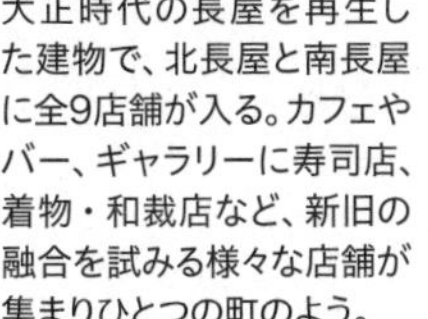

▼山芋のとろフワ感がたまらないとんとん焼1210円

ちゃるか CHARKHA

東欧雑貨と味ある紙モノ

長屋が残る谷町六丁目の裏通り。東欧雑貨の先駆け的店で、チェコを中心に東欧各地の雑貨・手芸素材のほか、オリジナルの紙モノも並ぶ。使い方を想像しながら店内をめぐるのも楽しい。

☎06-6764-0711 住大阪市中央区瓦屋町1-5-23 ⏰13～18時 休日～水曜 Pなし 交地下鉄谷町線谷町六丁目駅から徒歩6分 MAP付録P14E2

▶チェコのガラスビーズはヴィンテージもあり

▲ぐるぐる模様がかわいい、チェコの糸ボタンセット各880円～

▶箱の中にいろんな紙束を詰め合わせたチャルカの紙束セット1210円

キムチ焼そば1210円も人気メニュー

グリーンの外装が目印

まんだらやき ふさやほんてん ○△□焼 冨紗家本店

空堀商店街で自分のお好み焼に出会う

創作お好み焼の草分けで、独創的なメニューが揃う。人気は山芋生地と豚バラ等を玉子で包む「とんとん焼」。具材の旨みがとろりとからみつくよう。

☎06-6762-3220 住大阪市中央区谷町6-14-19 ⏰17～24時（土・日曜、祝日は12時～15時も営業）休月曜（祝日の場合は翌日）Pなし 交地下鉄谷町線谷町六丁目駅から徒歩5分 MAP付録P14F2

○△□焼 冨紗家 本店には著名人御用達のお店としても有名です。店内には芸能人のサインがずらり。

中崎町で出会う すてきカフェとかわいい雑貨

梅田からも徒歩圏内の中崎町。そこだけ取り残されたような古い町並みに、オーナーの心の中を映すような、宝箱みたいなお店があるのです。

イチゴ入りロールケーキのスワン ブラン（左）とガトーショコラとバタークリームのキャンドル（右）各714円

独特の世界に浸れる雰囲気のある空間

タイヨウノカンカン 3800円。10種のクッキーが入る人気のクッキー缶

たいようのとう ようがしてん

太陽ノ塔 洋菓子店

ロマンチックなひと目惚れスイーツにうっとり

大阪を代表するカフェのキッチン＆販売店だった店舗にカフェスペースが登場。記念して作られた白鳥やキャンドル型のケーキが話題に。さまざまな種類やサイズが揃う、レトロなクッキー缶コーナーもチェック。

☎06-6312-4305 住大阪市北区中崎1-4-19 ⏰10～20時 休火曜 Pなし 交地下鉄谷町線中崎町駅から徒歩3分 MAP付録P10F1

ぐりーん ぺぺ

green pepe

郷愁を誘う昭和アイテム

1970年代の国産ものを中心に、ユーズドやデッドストックの家具や雑貨、古着などを扱う。ポップカラーのキッチン雑貨や、懐かしくも新しいインテリアは、昭和レトロファン必見！☎06-6359-5133 住大阪市北区中崎3-1-12 ⏰12～18時(土・日曜、祝日は～19時) 休火曜 Pなし 交地下鉄谷町線中崎町駅から徒歩すぐ MAP付録P10F1

雑貨と古着、それぞれのスペースに掘り出し物が

しあわせ笑顔のぽれぽれ動物各968円

木彫りのスプーン＆フォーク各462円

滋賀の作家、山田奈津美さんの愛猫「でで」シリーズ。各1254円

昔実家にあったかも!? 象印ホーローウエア天ぷら鍋4200円

ポップな花柄が昭和的。グラス左1000円、右600円

「栓を抜く」ことすらノスタルジー？ 栓抜き各700円

※掲載されている商品は品切れ、変更の場合ががあります。

こーひーしゃ・しょし あらびく

珈琲舎・書肆 アラビク

濃厚な空間で知的にトキメキ

昭和4年（1929）築の長屋を再利用し、喫茶、書店、ギャラリーが一体となったお店。ギャラリーには球体関節人形や、著名な画家の絵画が展示され、定期的に特別展も開催。

コーヒーはこだわりの豆を通常の2倍量でサーブ

☎06-7500-5519 住大阪市北区中崎3-2-14 ⏰13時30分～21時（日曜、祝日は～20時）休水曜、火曜不定休 Pなし 交地下鉄谷町線中崎町駅から徒歩4分 MAP付録P10E1

マリア・テレジア750円。オレンジリキュールを加えたコーヒーカクテル

古書は近代以降の文学小説や美術書、人形関連本など

◀一つ一つ異国の空気をまとった雑貨が並ぶ

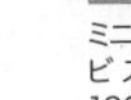

▲ベリーク・ネプチューン カップ&ソーサー2万7500円。アイルランド最古の窯、ベリーク窯の貝を形どったセット

ミニチュアサイズのうさぎのこどもビスクドール 各1万9800円。1920年頃のドイツ製。手が動く

ぎにょーる

Guignol

ここはヨーロッパの蚤の市？

飴色の家具の上に、時代のついた食器、カード、アクセサリーなど、ヨーロッパで買い付けるアイテムが並ぶ。国内作家の作品もあり、物憂げな独特のムードが漂う。

☎なし 住大阪市北区中崎2-3-28 ⏰12～19時 休月・火曜（臨時休業あり）Pなし 交地下鉄谷町線中崎町駅から徒歩すぐ MAP付録P10F1

イギリス1940年頃のハメット社星座早見盤 3万3000円

なめらかな木彫りが美しいぽれぽれ動物 1056円

おんりー ぷらねっと

ONLY PLANET

中崎町に幸せな動物園が登場

素朴な木彫作品から絢爛豪華な極彩色まで、いろんな表情の動物たちがお出迎え。アジアの民芸品、国内の作家ものなど、幅広く動物雑貨を集める。店内写メOK、ユルい空気も「動物園」ならでは？

☎06-6359-5584 住大阪市北区中崎3-1-6 ⏰11～18時 休ほぼ無休 Pなし 交地下鉄谷町線中崎町駅から徒歩すぐ MAP付録P10F1

インポート雑貨も思いのほか手軽な価格

名物のライスカルボナーラ 1300円（ランチ、カフェタイムは100円引き）。ターメリックライスにカルボナーラソースがたっぷり

しょくどうぷらぐ

食堂PLUG

オレンジ色の卵黄が映える名物ライス

ニューヨークの大衆的なダイニングをイメージした店で、料理長が世界中を旅した経験を生かした多国籍料理を提供する。

☎06-6225-8498 住大阪府大阪市北区中崎西1-8-3 suehirogari bldg.1F ⏰11時30分～22時（21時30分LO）休月曜 Pなし 交地下鉄谷町線中崎町駅から徒歩5分 MAP付録P10E1

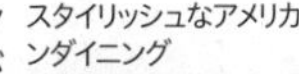
スタイリッシュなアメリカンダイニング

地下鉄中崎町駅を東に出ると天五中崎通商店街。庶民的な居酒屋やバーが多く、明け方まで静かに賑わっています。

水都・大阪の成り立ちを知っておこう

「八百八橋」と呼ばれるほど橋と川が多い大阪は水の都。土地の歴史に触れて、大阪の匂いを感じてみては。

太閤さんのつくった町

秀吉が築城した大阪の地を徳川幕府が直轄地に。"天下の台所"が隆盛をきわめた。

秀吉の築城に始まった町づくり

古代に「難波宮」が置かれた大阪の地は、奈良や京都を結ぶ交通の要所だった。その大阪が改めて脚光を浴びたのは戦国時代の末、豊臣秀吉が大坂城を築城したことがきっかけ。大阪の首都化を図った秀吉の政策によって、それまで湿地帯だった大阪の海辺が埋め立てられ、多くの大名家が大坂城周辺に屋敷を築いた。水の都の歴史はこの埋め立てにはじまるといってもよい。
また大名と取引をする商人が堺などから移り住み、経済も発展。大阪の人たちが自ら「太閤さんがつくった町」というのはこのあたりに理由がある(太閤とは関白を降りた人への敬称で豊臣秀吉を指す)。秀吉は強力な政治力を発揮し、経済の活性化を図ったため街路や排水路などの基盤整備を進め、大阪はその後も商人が活躍しやすい土地となった。

天下の台所と八百八橋

大坂冬・夏の陣によって豊臣政権が倒れると、江戸徳川幕府は改めてここに大坂城を築城。大阪を直轄地とし西日本の政治拠点とした。大阪には幕府や西国大名の蔵屋敷が置かれ、年貢米や名産品が運び込まれ、のちに「天下の台所」と呼ばれるほど商人が大いに活躍。物資運搬のためにたくさんの水路が掘られ、水の都・大阪が完成する。八百八橋の呼び名は江戸の八百八町に対するもので、実際の橋の数は200ほどだった。
幕府が架けた公儀橋は「三大橋」と呼ばれた天満橋、天神橋、難波橋など12橋のみで、道頓堀川にかかる戎橋などそのほとんどの橋は町人たちが自腹で造ったもの。大阪の中心地にかかる淀屋橋は豪商・淀屋が架けた橋で、淀屋が取りつぶされた後もその名が残された。橋にはさまざまな大阪人の思いが詰まっている。大阪城港から約40分で水辺を楽しめるクルーズ「アクアライナー」(→P81参照)も運航している。

1大阪経済の中心を結ぶ淀屋橋。重厚な佇まいの橋は昭和10年(1935)に完成 2大阪城や大阪市中央公会堂など大阪の見どころを船から眺められるアクアライナー。大阪の定番クルーズとして人気。

3甚兵衛渡船場。大阪の生活を肌で感じられる現役バリバリの渡し船 4廃止となった渡し場は多い。そのあとをしのぶのは石碑のみ

今も生活に根づく水運

水の都・大阪の面影をたどるなら、「渡し船」に乗ってみたい。大阪には昭和初期まで各地に渡船場があり、船が庶民の足として活躍してきた。昭和10年には渡船場が市内に31カ所あり、年間5752万人もの利用があった。戦後、交通網が発達し次々と渡し船は姿を消していったが、大正区や天保山を中心に今も8カ所の渡船場が健在。通勤通学のラッシュ時はピストン輸送もあって、大阪の暮らしを垣間見ることができる。

DATA
■渡船場に関する問合せ
大阪市建設局河川・渡船管理事務所
☎06-6536-5295
主なルート
○天保山渡船場
港区築港3丁目〜此花区桜島3丁目
○甚兵衛渡船場
大正区泉尾7丁目〜港区福崎1丁目

ミナミからキタへ
大阪街歩きにご案内します

大阪の街には、いくつもの顔があります。
水の都、天下の台所、デザイン都市、
そして、商い、笑い、文化芸術の都。
どんな顔に出会えるか、大阪の街歩きを楽しみましょう。

これしよう！

なんばグランド花月で本場の笑いを体感！

なんばには、創業110年を越えるお笑いの「よしもと」のホーム劇場もある（☞P68）

これしよう！

SNS映えのスイーツみつけた！

アメリカ村や心斎橋周辺には、オシャレなカフェやスイーツも多い（☞P70）

これしよう！

あの"道頓堀川"で心だけ泳いでみて

巨大看板が並ぶ風景は「これぞ大阪」。食いだおれの街を散策しよう（☞P64）

心斎橋はココにあります！

商店街から名物グルメまで、「ザ・大阪」がここにある

ミナミ（心斎橋・道頓堀・なんば）

みなみ（しんさいばし・どうとんぼり・なんば）

こんなところ

地下鉄なんば駅〜心斎橋駅を中心に広がるミナミエリア。巨大看板と食いだおれの商店街・道頓堀、お笑い劇場のなんばグランド花月があるなんば、さまざまな店が並ぶ心斎橋筋商店街と、それぞれ強烈な個性を持つ街が隣り合う。心斎橋の西側には、古着店やカフェなどが点在するショッピングタウン・アメリカ村もある。

access

新大阪駅	新大阪駅
↓ 地下鉄御堂筋線 6分	↓ 地下鉄御堂筋線 6分
梅田駅	梅田駅
↓ 地下鉄御堂筋線 7分	↓ 地下鉄御堂筋線 9分
心斎橋駅	なんば駅
所要 13分	所要 15分

広域MAP 付録P14〜15、付録P16〜17

～ミナミおさんぽマップ～

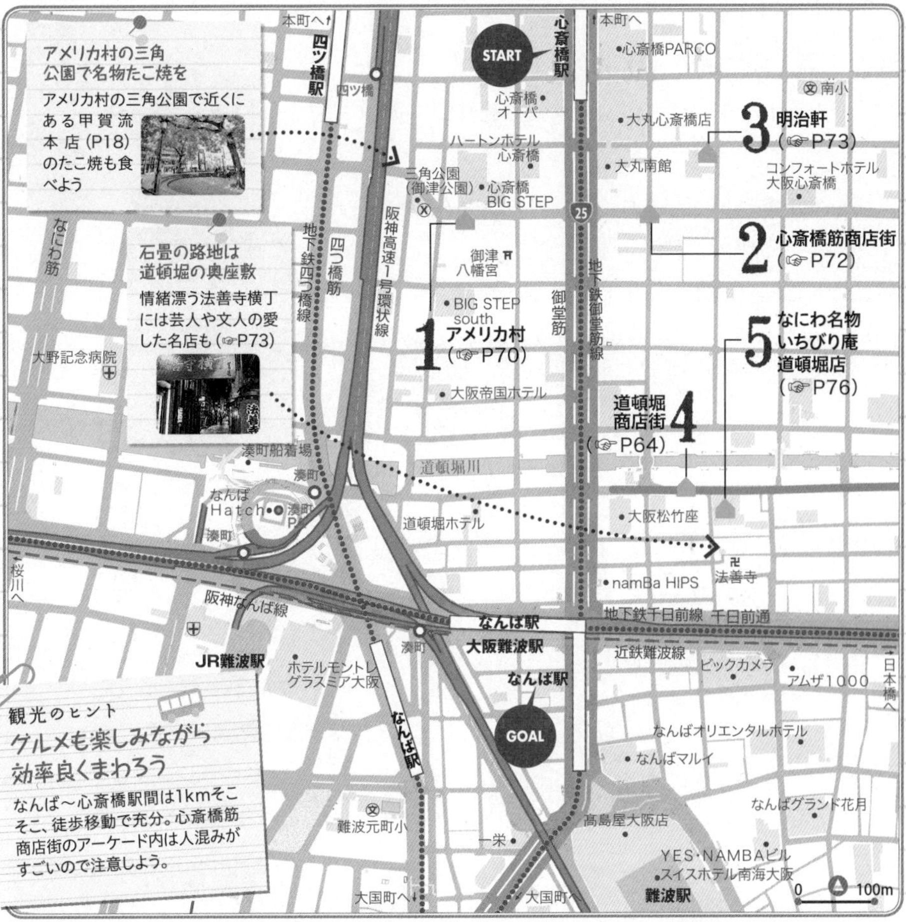

アメリカ村の三角公園で名物たこ焼を

アメリカ村の三角公園で近くにある甲賀流本店（P18）のたこ焼も食べよう

石畳の路地は道頓堀の奥座敷

情緒漂う法善寺横丁には芸人や文人の愛した名店も（☞P73）

START 心斎橋駅

1 アメリカ村（☞P70）

2 心斎橋筋商店街（☞P72）

3 明治軒（☞P73）

4 道頓堀商店街（☞P64）

5 なにわ名物いちびり庵道頓堀店（☞P76）

GOAL なんば駅

観光のヒント

グルメも楽しみながら効率良くまわろう

なんば～心斎橋駅間は1kmそこそこ、徒歩移動で充分。心斎橋筋商店街のアーケード内は人混みがすごいので注意しよう。

ミナミ

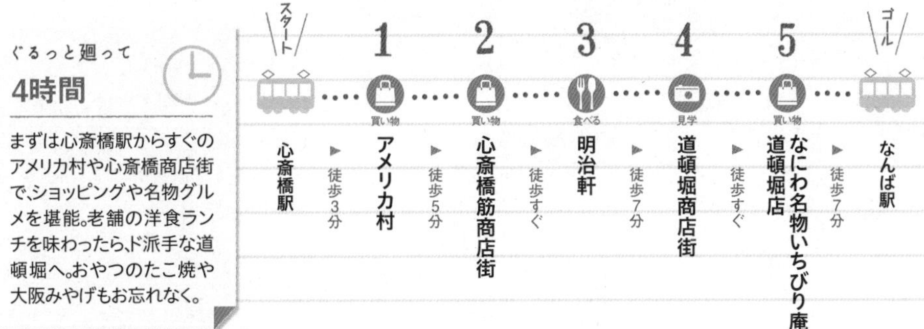

まずは心斎橋駅からすぐのアメリカ村や心斎橋商店街で、ショッピングや名物グルメを堪能。老舗の洋食ランチを味わったら、ド派手な道頓堀へ。おやつのたこ焼や大阪みやげもお忘れなく。

ド派手・ベタコテ、どんと来い！ 道頓堀の名物看板

大阪を代表する食いだおれストリート・道頓堀では、
頭上に迫り来る極彩色の名物看板とオモロいツーショットを！

道頓堀ってこんなところ

江戸時代に端を発する演芸と食の街。東西に流れる道頓堀川沿いの道頓堀商店街には、お好み焼・たこ焼をはじめ大阪グルメが目白押し！グリコサインやかに道楽など巨大看板がひしめき、大阪らしいド派手な風景が広がる。

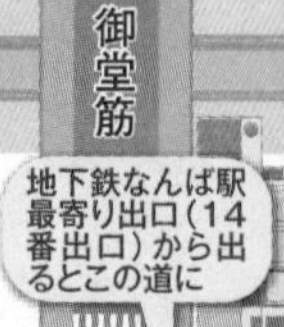

Ⓐ 道頓堀グリコサイン

設置…6代目平成26年（2014）

初代の登場はなんと戦前の昭和10年（1935）。現在は日没30分後～24時にLEDが点灯、背景が昼から夜、朝へと変化する。

MAP 付録P17C1

Ⓑ くくるの大たこ

設置…平成12年（2000）

グリコサインのお隣、川沿いで目を光らせているのは、吸盤もリアルなたこさん。のたうつ8本の脚の間には、自慢の大たこ焼が。表入口には子たこ、商店街内の別店舗には嫁たこもいます。

●たこ家 道頓堀くくる 本店☞P66

Ⓒ かに道楽 道頓堀本店のかに

設置…昭和37年（1962）

戎橋から商店街に入ると、まず迎えてくれる真っ赤なかにさん。横幅約8m、かにすきなら約1万6000人前!?　自称・商店街の広報部長、Wピースでギチギチ動いてます。

●かに道楽 道頓堀本店☞P67

Ⓕ だるま大臣
設置…平成20年（2008）

ギロリと鋭い眼差しで商店街にニラミを利かせる強面のおっちゃん、実は「串かつ だるま」の会長さんがモデルとか。「ソースの二度漬け、許すまじ！」の気迫が漂ってます。

●創業昭和四年 新世界元祖串かつ だるま道頓堀店☞P67

Ⓖ えべっさん&ドンペン
設置…平成17年(2005)

商売の神様・えべっさんと、ドン・キホーテのマスコット「ドンペン」君の仲よしコンビ。高さ77mの長円型観覧車の真ん中から、道頓堀川をニコニコ見守っています。

●ドン・キホーテ観覧車(えびすタワー)☞P78

H&M EBISUBASHI

心斎橋筋商店街から続く道。戎橋手前に信号あり!

戎橋

とんぼりリバーウォーク

道頓堀川

太左衛門橋

A B C D E F G

道頓堀商店街

大阪松竹座

スターバックス コーヒー
TSUTAYA EBISUBASHI

法善寺横丁へ↓

浮世小路

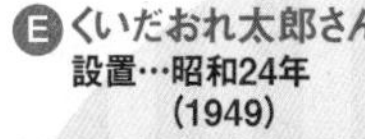

Ⓒ カールおじさん 設置…平成20年(2008)
©meiji ad

カールおじさんの顔が目印の、明治の看板。通りを映すモニターが設置されていて、画面の中に入って記念撮影ができる。毎時00分にはカエルのケロ太が帽子から登場！

住大阪市中央区道頓堀1-6-15 時10～22時 休無休 Pなし 交地下鉄各線なんば駅から徒歩5分 MAP付録P17C1

Ⓔ くいだおれ太郎さん
設置…昭和24年（1949）

もとは食堂ビル「大阪名物くいだおれ」の看板人形、現在は複合ビル「中座くいだおれビル」のマスコット。甘いマスクと太鼓で盛り上げる、道頓堀の宣伝部長！

●中座くいだおれビル☞P67

©cui-daore

道頓堀はもともと芝居町。江戸時代から役者絵の大看板や幟で華やいだ気風が、今の街並みにも受け継がれています。

粉もんからごちそう鍋まで 道頓堀必食グルメ食いだおれ

歩くだけでお腹いっぱい、なんて言わないで。
食いだおれ商店街の実力、自分の舌で確かめてみよう。

大たこ入りたこ焼
8個961円
仕上げに白ワインをひと振り。大粒でふんわりトロトロの上品な味わい

◀店頭では子たこが迎える

たこ料理

たこや どうとんぼりくくる ほんてん

たこ家 道頓堀くくる 本店

マイスター渾身のふわトロたこ焼

独自の「たこ焼マイスター」が焼くたこ焼は、旨味たっぷりの天然タコとだしの利いた生地が自慢。巨大タコが生地からはみ出す「名物びっくりたこ焼」1980円など、たこ料理専門店ならではの名物も。

☎06-6212-7381 住大阪市中央区道頓堀1-10-5 白亜ビル1階 ⏰11～21時（土・日曜、祝日は10時～） 休無休 Pなし 交地下鉄各線なんば駅から徒歩3分 MAP付録P17C1

激戦区でハシゴしよう！ 名物たこ焼食べくらべ

たこ焼

ほんけ おおたこ

本家 大たこ

店名に偽りなし！プリプリ巨タコ

昭和47年（1972）創業、道頓堀の名物店。カリッ、トロッと焼き上げた生地の中には、大きくカットされたプリプリのタコが入り、存在感抜群。大たこ入りのお好み焼や焼そばもあり。 ☎06-6211-5223 住大阪市中央区道頓堀1-4-16 ⏰10～23時（売切れ次第終了） 休無休 Pなし 交地下鉄各線なんば駅から徒歩6分 MAP付録P16D1

▲昔ながらの屋台風。イートイン席もあり

たこ焼 6個500円
大きくカットしたタコの旨味がはじける！自家製だしの利いた生地も◎

ハーフ&ハーフ
10個960円
クリーミーな生地に巻き込むように天かすをin。ソースのほか深海塩もおすすめ

▶巨大なたこ焼の看板が目印

たこ焼

たこやきじゅうはちばん さんず どうとんぼり

たこ焼十八番 SONS-DOHTONBORI

天かすたっぷりのサクサクたこ焼

ひと口でパクッといけるお手頃サイズのたこ焼。だしに牛乳をブレンドした生地に天かすをたっぷり、クリーミー×サクサク食感が新鮮だ。コク深い味わいも唯一無二。

☎06-4256-2818 住大阪市中央区道頓堀1-8-26 ⏰11～22時 休無休 Pなし 交地下鉄各線なんば駅から徒歩4分 MAP付録P16D1

かにすき
コース7920円～
かにすきに造りやかに酢などが付く。かにの旨味たっぷりの雑炊でシメよう

かに料理
かにどうらく どうとんぼりほんてん
かに道楽 道頓堀本店

とれピチのかにをいろんな食べ方で!

時期によって仕入れ先を変え、一年中新鮮なかに料理を楽しめる専門店。看板料理のかにすき・会席コースをはじめ、手軽なランチや、店頭販売の炭火焼もおすすめ。

☎06-6211-8975 住大阪市中央区道頓堀1-6-18 ⏰11～22時 休無休 Pなし 交地下鉄各線なんば駅から徒歩4分 MAP付録P17C1

ザ・大阪の殿堂、中座くいだおれビル

©cui-daore

くいだおれ太郎さんが迎える複合ビル。串カツやお寿司、焼き鳥などのグルメ店が一堂に揃うほか、大阪みやげ店での買い物や、地下の劇場ではお笑いライブも楽しめる。MAP付録P16D1

▲「だるま大臣」が目印。1階には等身大?の大臣も

串カツ
そうぎょうしょうわよねん しんせかい がんそくしかつ だるまどうとんぼりてん
創業昭和四年 新世界 元祖串かつ だるま道頓堀店

激戦区・新世界の老舗が誇る串かつ

大ぶりのネタに、きめ細かな衣をしっかり付けた串かつは、ここ道頓堀でも大人気。秘伝のソースを「一度だけ」つけて味わおう。多彩なネタに迷ったら、お得なセットをぜひ。 ☎06-6213-8101 住大阪市中央区道頓堀1-6-8 ⏰11時～22時30分 休無休 Pなし 交地下鉄各線なんば駅から徒歩5分 MAP付録P16D1

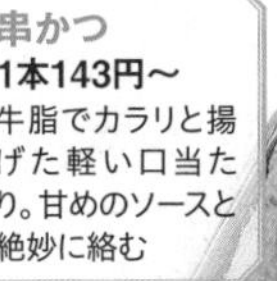

串かつ
1本143円～
牛脂でカラリと揚げた軽い口当たり。甘めのソースと絶妙に絡む

ラーメン 800円
あっさり味のスープに、コシのある自家製ストレート麺がベストマッチ

ラーメン
きんりゅうらーめん どうとんぼりてん
金龍ラーメン 道頓堀店

24時間・年中無休!
ミナミ定番の締めラーメン

ライト系の豚骨ラーメンが人気、ミナミに5店舗を構える名物店。豚骨・鶏ガラベースに秘伝のタレを加えたスープは、コクがあり後味すっきり。キムチ・ニラ漬け・ニンニク入れ放題もうれしい。

▲龍の看板が目印の老舗ラーメン店

☎06-6211-6202 住大阪市中央区道頓堀1-7-26 ⏰24時間営業 休無休 Pなし 交地下鉄各線なんば駅から徒歩5分 MAP付録P16D1

寿司
がんそまわるげんろくずし どうとんぼりてん
元祖 廻る元禄寿司 道頓堀店

巨大なリアル寿司が頭上から!

世界で初めて回転寿司をはじめた元祖で、職人が目の前で握る寿司をリーズナブルに楽しめる。入口の上には大きな手とマグロの寿司が一体となったダイナミックな看板が。

☎06-6211-8414 住大阪市中央区道頓堀1-6-9 ⏰11時15分～22時30分(土・日曜、祝日は10時45分～) 休無休 Pなし 交地下鉄各線なんば駅から徒歩5分 MAP付録P16D1

寿司
1皿143円～
定番のネタのほか変わりネタもあり、メニューは60種以上

▲圧倒されるサイズ感!

道頓堀川の川沿いには遊歩道「とんぼりリバーウォーク」があり、川に面した飲食店もたくさんあります。

“よしもと”の総本山 なんばグランド花月で笑おう

日本の笑いを代表する「よしもと」の大殿堂。
吉本最大規模の劇場で、本場の笑いの洗礼を浴びよう！

なんばぐらんどかげつ

なんばグランド花月

110余年の歴史を誇る 大阪の笑いの真骨頂！

年中無休で笑いを届ける、「よしもと」イチの大劇場。平日2回、土日祝3～4回の本公演では、漫才、落語、コント、吉本新喜劇などあらゆるジャンルのエンターテインメントが集結。館内には、芸人ご用達のグルメやおみやげ店がずらり。キャンペーンも充実して、舞台以外のお楽しみもぐんとパワーアップ！

☎06-6641-0888 http://www.yoshimoto.co.jp/ngk 住大阪市中央区難波千日前11-6 ¥本公演は1階席4800円、2階席4300円(前売・当日とも。全席指定)。夜公演は内容により異なる 🕒本公演は平日11時～、14時30分～／土曜は10時～、13時～、16時～、19時～／日曜・祝日は10時～、13時～、16時～※変更の場合もあり。夜公演は公演により異なる 休無休 Pなし 交地下鉄各線なんば駅から徒歩5分 MAP付録P16D3

▲1階、2階で計858席の大劇場

▲大人から子どもまで楽しめる吉本新喜劇は2024年で65周年！

チケットはこちらから…

- インターネットFANYチケット（https://yoshimoto.funity.jp/）
- 電話予約FANYチケット予約専用ダイヤル ☎0570-041-356（10～18時、システムメンテナンス時間は除く）※予約は10時～受付
- 店頭購入：ファミリーマート店舗／マルチコピー機
- 劇場窓口：空席があれば前売・当日券を購入可

なんばグランド花月は食・買・遊のお楽しみ満載！

舞台の前後には、館内のお店をまわっておなかいっぱいもうひと笑い！

2フロアに、グルメや大阪みやげの店が揃う

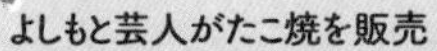

よしもと芸人がたこ焼を販売！

館内の1階にあるたこ焼店「吉たこ」は、よしもと芸人が所属する「たこ焼きブ！」がプロデュース。芸人がたこ焼を焼き、販売もする。

🕒11～19時(劇場に準じ変動あり)

Gourmet

1F／肉吸い・うどん

千とせ べっかん（ちとせ べっかん）

NGK裏の名物店の別館。「肉うどんのうどん抜き」＝肉吸い800円は芸人ご用達。

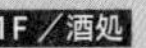

2F／テイクアウトスイーツ

おてまえ処（おてまえどころ）

パイ生地にクリームやあんこを重ねた「でしゃっぱり」のほか、生搾りジュースもあり。

1F／酒処

酒処 さつき（さけどころ さつき）

活穴子を使った看板メニューをはじめ、手間ひまかけた一品や銘酒を手軽に楽しめる。

1F／スペシャルティコーヒーショップ

花のれん タリーズコーヒー（はなのれん たりーずこーひー）

タリーズコーヒーと吉本興業のコラボショップ。限定ドリンクやグッズもあり。

Souvenir

1F／よしもとグッズ

よしもとエンタメショップ（よしもとえんためしょっぷ）

人気芸人のキャラクターグッズなどを販売。NGK限定品は要チェック！

よしもと芸人キラキラ缶
660円

芸人ステッカー1組
330円

すちこのねぶり飴
378円はミックスジュース味

吉本新喜劇人形焼カステラ
648円

若手のライブならよしもと漫才劇場へ！

よしもと漫才劇場（よしもとまんざいげきじょう）

若手芸人の登竜門劇場

カベポスターやダブルヒガシ、天才ピアニストなど、勢いのある若手芸人が出演し、さまざまなライブを実施！土・日曜の寄席公演では、若手芸人も入ったオリジナル新喜劇も開催する。

☎06-6646-0365 住大阪市中央区難波千日前12-7YES・NAMBAビル5階 🕒公演により異なる 休不定休 Pなし 交地下鉄各線なんば駅から徒歩5分 MAP付録P16D3

天才ピアニスト

フースーヤ

ダブルヒガシ

カベポスター

明治45年、吉本吉兵衛・せい夫婦が興した寄席小屋が吉本興業の起こり。2020年で創業110年！

甘くてかわいいをテイクアウト♡心斎橋&アメリカ村スイーツ

カルチャー発信地の心斎橋・アメリカ村には、フォトジェニックなスイーツがいっぱい。街歩きの合間に撮って、食べて楽しみましょう。

見た目もキュートなソフトクリーム
夏に食べる？冬に食べる？
いちごとカスタードがマッチ♪
熟成生地の新食感！
STRAWBERRY MANIA

A いちごのチョッピリーソフト 650円
生乳メーカーと共同開発した本格ソフトクリーム。ほどよく濃厚なミルクの味わいがいちごの酸味とマッチ

B アイスドッグ® バニラ500円、チョコ530円
サクッと揚げたパンに、北海道産ミルクを使った濃厚ソフトクリームをサンド。

A いちごのブリュレクレープ 750円
パリパリのキャラメリゼといちごの相性抜群！自家製カスタードと生クリームたっぷりで食べ応えあり

C ストロベリー（左）450円 レモンチーズ（右）460円
全15種のフレーバーがあるクリームたっぷりのドーナツ。コロンとかわいいフォルムでボリューミー

A

すとろべりーまにあ しんさいばしてん
ストロベリーマニア心斎橋店

その時季においしいいちごを使用した、パティシエ手づくりのケーキやスイーツを販売。見た目もキュートないちごのスイーツが一年中味わえる。
☎06-6226-7975 住大阪市中央区心斎橋2-7-26 ⏰11～21時 休無休 Pなし 交地下鉄各線心斎橋駅から徒歩5分 MAP付録P15C2

B

がんそあいすどっぐ
元祖アイスドッグ

三角公園前で長く愛されているソフトクリームショップ。揚げパンでソフトを挟んだアイスドッグは、ココでしか食べられない名物。
☎06-6281-8089 住大阪市中央区西心斎橋1-7-11 ⏰11～21時 休不定休 Pなし 交地下鉄各線心斎橋駅から徒歩5分 MAP付録P15B2

C

びーぴーしー どーなつ しんさいばしてん
BPC donuts 心斎橋店

南船場のコーヒーロースタリーカフェ・B Portland coffee roasteryが手掛けるドーナツ専門店。ドーナツをデコレーションしたカップスイーツなども人気。☎06-6210-3776 住大阪市中央区西心斎橋1-15-15 野々垣ビル1階 ⏰11～21時 休無休 Pなし 交地下鉄各線心斎橋駅から徒歩4分 MAP付録P15B2

アメリカ村の中心・三角公園

テイクアウトしたスイーツ、落ち着いて食べるなら三角公園（御津公園）へ。アメリカ村のほぼ真ん中に位置し、ベンチや階段などに腰かければ軽くひと休みできる。周辺にはたこ焼の有名店も点在。 MAP 付録P15B2

抹茶モンブランたっぷり♪

F **モンテヴェール 抹茶 800円**
茶房が手掛けるお茶の風味濃厚なソフトクリームとモンブランで抹茶づくしの逸品。ほうじ茶味もあり

みずみずしい進化系りんご飴

D **ココナッツ（左） プレーン（右） 各650円**
飴は上品な甘さで、りんごそのものの味を引き立てる。フレーバーはほかに宇治抹茶750円など全8種

E **オリジナルカステラパフェ700円**
世界にひとつだけのオリジナル「アイスパフェ」を作ろう！組み合わせは2万通り以上！

焼きたてのカステラをトッピング

おみやげにも◎のひと口カステラ

E **かすていら 20個入り600円〜**
しっとりふわふわのベビーカステラは、お散歩しながらポイポイつまむのにぴったり。チョコや抹茶のオリジナルペースト入りもあり

D

りんごあめせんもんてんあーる おおさかあめりかむらてん
りんご飴専門店 ar.大阪アメリカ村店

シーズンごとにおいしいりんごを全国から厳選し、パリパリの飴と多彩なフレーバーでコーティングしたりんご飴を提供。 ☎なし 住大阪市中央区西心斎橋1-16-17 塚本ビル1階 ⏰11〜19時 休無休 Pなし 交地下鉄各線心斎橋駅から徒歩5分 MAP 付録P15B2

E

いっき かすていら しんさいばしてん
IKKI KASUTEIRA 心斎橋店

大阪にしかないベビーカステラの専門店。一度食べると忘れられない感動の新食感で人気。☎06-6243-0202 住大阪市中央区西心斎橋1-7-9 ⏰13〜23時（火曜は〜21時、土・日曜、祝日は11時〜）休無休 Pなし 交地下鉄各線心斎橋駅から徒歩5分 MAP 付録P15B2

F

うじえん しんさいばしほんてん
宇治園 心斎橋本店

明治2年（1896）に京都で創業した茶舗で、専門店のノウハウを生かしたお茶の生ショコラなど、和スイーツを多数展開する。
☎06-6252-7800 住大阪市中央区心斎橋筋1-4-20 ⏰10時30分〜20時30分（喫茶は11〜19時LO）休無休 Pなし 交地下鉄各線心斎橋駅から徒歩2分 MAP 付録P15C3

アメリカ村には、人が灯を掲げているような形の街灯が点在。一体一体異なるデザインでペイントされ、目にも楽しいですよ。

トレンドスポットが集まる 心斎橋筋商店街を散策

なんばエリアの北に広がる繁華街のメインストリート。老舗の名店グルメからショッピングビル内にある話題のスポットまで、カラフルな散策が楽しめます。

心斎橋筋商店街ってどんなところ？

道頓堀川にかかる戎橋そばから長堀通付近まで、南北約580m続くアーケード商店街。有名アパレルの旗艦店をはじめとする多彩なショップ、最先端スイーツ店、百貨店など約180店が軒を連ねる。歩いているだけでも楽しい賑やかさが魅力だ。

交地下鉄各線なんば駅・心斎橋駅から徒歩すぐ MAP付録P15C2

心斎橋PARCO

しんさいばしぱるこ

▼2～10階は大丸心斎橋店の本館と連結

感度が高い未来的複合施設

地下2階～地上14階までの16フロアに、ハンズのほか、雑貨、ファッション、グルメなど約150のテナントが入る。トレンド性の高い、独自のラインナップと企画力で、新しいモノ・コト体験を発信し続ける。

☎06-7711-7400 住大阪市中央区心斎橋筋1-8-3 ⏰フロア・施設によって異なる 休不定休 P契約駐車場利用（有料） 交地下鉄各線心斎橋駅から徒歩すぐ MAP付録P15C2

地下2階 心斎橋ネオン食堂街

しんさいばしねおんしょくどうがい

行列が絶えない大阪の名店やエンタメ酒場が集う。昼は各店でお得なランチも提供。夜は日替わりDJがフロアを盛り上げるなど、個性溢れる刺激的な食空間。

▲アートディレクター・TORICO氏監修の映えスポットも

大衆食堂スタンドそのだ

家庭では再現できない、エスニック&中華料理のエッセンスを入れ込んだメニューで評判！

だぱいだん いちまるご

da pai dang 105

焼小籠包を中心に、本場の職人が調理した点心&アジアフードを、台湾夜市をイメージした店内で。

©FUEKINORI KOGYO/EFFORT

▲ハンズ内にあるイエロー一色の空間

9階 フエキショップ

ふえきしょっぷ

大阪生まれのどうぶつのりキャラクター・フエキくんの専門店。多彩に揃うキュートなお菓子やグッズはみやげにもぴったり。

フエキソフトクリーム 500円～

同店限定。どうぶつ容器を選んで自分で作る

フエキプリントラムネ 各550円

ゾウ、イヌ、ウサギの容器もラムネもかわいい

ながさきどう しんさいばしほんてん

長﨑堂 心斎橋本店

約70年前から心斎橋にある本店▼

長年愛されている宝石のようなレトロ菓子

大正8年（1919）創業のカステラの老舗。田辺聖子の小説にも登場する砂糖菓子・クリスタルボンボンは、直営店限定で、ツウなみやげとして人気だ。☎06-6211-0551 住大阪市中央区心斎橋筋2-1-29 ◷10時～17時30分 休火・水曜 Pなし 交地下鉄各線心斎橋駅から徒歩3分 MAP付録P15C2

クリスタルボンボン 1箱（90g）1944円

3種の洋酒がカリっとはじける砂糖菓子。要事前問合せ

ひと足のばして法善寺横丁へ

道頓堀の南にある法善寺横丁も街歩きにおすすめ。往年の芸人・文人に愛されてきた石畳の横丁。「水かけ不動さん」で知られる法善寺もあり、風情ある散策ができる。MAP付録P16D2

めいじけん

明治軒

常連から観光客まで多くの人で賑わう▶

ロングセラーの愛されオムライス

ミナミを代表する洋食の老舗で、赤ワインで煮てコクを出した牛スジや玉ネギが入るオムライスのほか、愛され続ける名物料理が多数。串カツのセットもあり、大阪らしくて好評だ。☎06-6271-6761 住大阪市中央区心斎橋筋1-5-32 ◷11～15時、17～20時LO 休水曜（祝日の場合は翌日 Pなし 交地下鉄各線心斎橋駅から徒歩3分 MAP付録P15C2

オムライス 800円

ペースト状の具材がライスと混ざり、コクとうま味が濃厚

だいまるしんさいばしみせ

大丸心斎橋店

約300年の歴史をもつデパート

商店街の名物百貨店。地下のフーズフロアでは大阪の味みやげを豊富に取り揃え、フードホールにも大阪を代表する名店の味が集う。☎06-6271-1231 住大阪市中央区心斎橋筋1-7-1 ◷10～20時（心斎橋フードホールは11時～）※フロア・施設によって異なる 休不定休 P契約駐車場利用（有料）交地下鉄各線心斎橋駅からすぐ MAP付録P15C2

▲旧館のヴォーリズ建築を再現し、2019年に建て替えられた本館

地下2階

しんさいばしふーどほーる

心斎橋フードホール

大阪で愛される名店のグルメのほか、こだわりの料理を提供する17店が並ぶ。美食をテーブルに持ち寄って、スペシャルな食事を楽しもう。

広々とした地下ホール。各店ごとの席と共用200席が利用可▶

はりじゅうぐりる

はり重グリル

道頓堀に本店を構える和牛の老舗が手がける。すき焼き御膳が人気

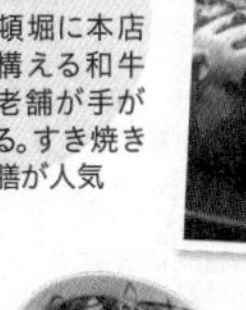

どうとんぼりいまい

道頓堀 今井

名物のきつねうどんと親子丼のセットがおすすめ。大阪のだし文化を堪能

たこや どうとんぼりくくる

たこ家 道頓堀くくる

本場大阪でも指折りの人気店。大たこ入りのたこ焼は絶品だ

大阪の台所・黒門市場は食べ歩きフードの大殿堂！

食いだおれの街を支える生鮮市場は、大阪中の料理人が集まる台所。鮮魚や青果など、その場で味わえるお気軽フードも多いんです。

海鮮丼 1650円
その日仕入れた魚介数種を日替わりで盛り込む。みそ汁付

黒門市場ってどんなところ?

江戸後期から続く「大阪の台所」。なんば中心地から少し東、南北約580mの通りに、鮮魚をはじめ青果、精肉、衣料品、飲食店など約150店舗が並んでいます。夕方17時ごろには閉める店も多く、人気店は売切れも早いのでご注意。

住大阪市中央区日本橋1～2 交地下鉄千日前線日本橋駅から徒歩すぐ MAP付録P16F2～4

鮮魚/イートインあり

① 黒門三平 黒門市場店（くろもんさんぺい くろもんいちばてん）

豊かな海の幸のハーモニー

マグロ、サーモン、カニなど、新鮮な魚介類を販売。イートインスペースが併設され、刺身、寿司、海鮮丼といったおいしい海鮮メニューが味わえる。

☎06-6634-2611 住大阪市中央区日本橋1-22-25 ◷9時30分～18時（イートインは～17時30分）休不定休 Pなし 交地下鉄各線日本橋駅から徒歩2分 MAP付録P16F3

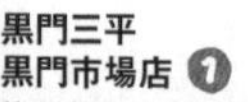

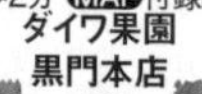

千日前通
地下鉄日本橋駅へ
高木水産 4

てっちりコース 5500円～（サービス料込）
身が締まり、噛むほどに滋味深い味わいが感じられる

※写真はイメージ

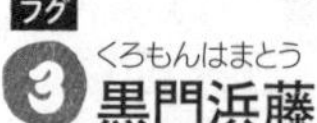

フグ

③ 黒門浜藤（くろもんはまとう）

黒門市場が誇るフグの名店

フグの消費量日本一の大阪の食文化を黒門市場から支える名店。元は卸しゆえ、品質と鮮度とともに抜群のトラフグを提供する。てっちりのほか、てっさ2750円もぜひ。

☎06-6644-4832 住大阪市日本橋1-21-8 ◷11～22時 休4～9月の月曜 Pなし 交地下鉄各線日本橋駅から徒歩3分 MAP付録P16F3

ウナギ/イートインあり

④ 高木水産（たかぎすいさん）

とろける蒲焼を目玉価格で！

国産の活ウナギを毎朝捌き、老舗醤油問屋の特注醤油を使ったタレで香ばしく焼き上げる蒲焼が絶品。お得な丼やうな重のほか、う巻きや肝吸いなどの一品もあり。

☎06-6634-8018 住大阪市中央区日本橋2-3-18 ◷10～17時(日曜、祝日は～15時) 休不定休 Pなし 交地下鉄各線日本橋駅から徒歩3分 MAP付録P16E3

うなぎ丼 サービスランチ 850円
表面パリッ、中はふわトロの蒲焼に甘口タレが絡む。シジミ味噌汁、漬物付き

フルーツジュース 400円～
季節のフルーツを盛り込んだミックスジュース（中央）400円など

フルーツ/テイクアウトのみ

だいわかえん くろもんほんてん
2 ダイワ果園 黒門本店

高級果物店のフレッシュジュース

創業半世紀以上、古くから贈答用として定番の高級フルーツ専門店。店頭では手軽な搾りたてジュースやカットフルーツを販売、フレッシュな旬の味を楽しめる。

☎06-6633-1095 住大阪市中央区日本橋1-22-20 ⏰9～17時 休日曜 Pなし 交地下鉄各線日本橋駅から徒歩2分 MAP付録P16F3

アーケードの魚たちを目印に！

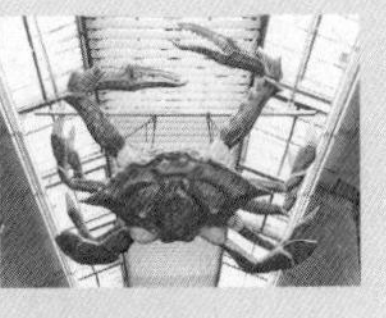

アーケードの天井に、カニや伊勢エビ、フグなど海産物のオブジェを発見。市場内に全7カ所、コレを目印に歩けば迷わない！関西の高級魚・クエもいますよ。

三色丼 3000円
大トロ、中トロ、赤身を一椀で。マグロづくしの贅沢丼（予約不可）

マグロ/イートインあり

まぐろやくろぎん
6 まぐろや黒銀

希少な国産本マグロを堪能

関西では手に入りにくい青森・大間産をはじめ、各地の厳選本マグロを手軽に味わえる。自慢のマグロをその場で捌いた刺身や寿司が大好評。

☎06-4396-7270 住大阪市中央区日本橋2-11-1 ⏰9～17時（売切れ次第終了）休水曜 Pなし 交地下鉄各線日本橋駅から徒歩4分 MAP付録P16F3

5 伊勢屋本店　6 まぐろや黒銀　N

漬物/テイクアウトのみ

いせやほんてん
5 伊勢屋本店

伝統製法で作る昔ながらの漬物

市場の中でも最古参の明治30年（1897）創業。泉州水なす、天王寺かぶらなど大阪の地野菜をはじめ、旬の野菜を使った手作りの漬物はおみやげにも好適。

☎06-6644-1101 住大阪市中央区日本橋2-3-4 ⏰8時30分～17時 休不定休 Pなし 交地下鉄各線日本橋駅から徒歩3分 MAP付録P16F3

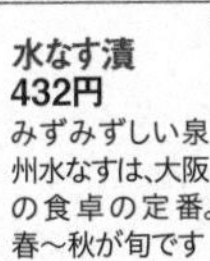

水なす漬 432円
みずみずしい泉州水なすは、大阪の食卓の定番。春～秋が旬です

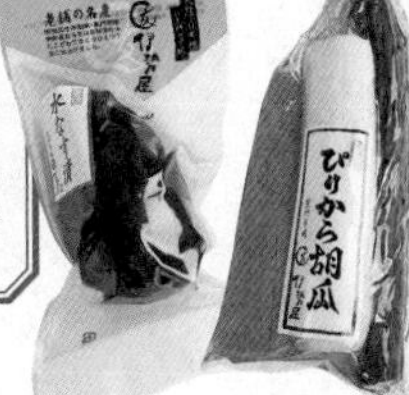

ぴりから胡瓜
名門ホテル御用達。胡瓜1本・大根1切・人参1切 各162円

まだある！
ミナミの名物ストリートをCHECK！

なんばエリアには黒門市場のほかにも個性溢れる商店街やストリートが点在。なんばグランド花月北側の「千日前道具屋筋商店街」（MAP付録P16D3～4）は、プロ向けの厨房機器や調理道具を扱う店が集まる商店街。食品サンプルを製造・販売する店もあり、サンプル作り体験もできる。日本橋にある「日本橋オタロード」（MAP付録P16E4）は、大型家電量販店をはじめ、フィギュア、アニメ、ゲームの各専門店が軒を連ねるストリート。メイドカフェも多い"西のアキバ"とも呼ばれる。歩くだけでも楽しいのでぜひ立ち寄ってみて。

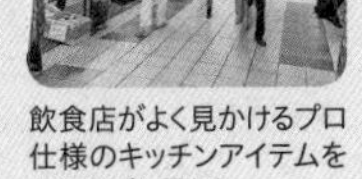

飲食店がよく見かけるプロ仕様のキッチンアイテムをおみやげに買おう

お正月準備に訪れる人々で賑わう様子は、昔ながらの歳末の風物詩。近年は海外の観光客に人気で、常に賑わってます。

コテコテが楽しい！大阪"キャラ立ち"みやげ

大阪ならではのユニーク＆インパクト大なおみやげはいかが？
一目で元気になる、なにわのパワーを連れて帰りましょう。

Ⓐ
くいだおれ太郎プリン三角缶
3個入り1450円
くいだおれ太郎さんのミニ帽子付き！三角形の缶カンはペン立てなどにもってこい

くいだおれ太郎サブレ ⒶⒷ
10枚入り1188円
くいだおれ太郎さん（☞P65）の表情を楽しめるサブレは、サクっと軽い食感。レトロな黄色い缶に入る

ユニークなポシェット付き♪

くいだおれ太郎のおでかけ太郎
8個入り990円 ⒶⒷ
ソーダ味のラムネが8個入った、くいだおれ太郎さんのポシェット。小さい子へのおみやげにおすすめ

道頓堀のスターが勢揃い！

看板キャラグッズ

セレクション・ザ・グリコ（S）1080円 Ⓑ
グリコのゴールインマーク（☞P64）の箱にプリッツ、ビスコなどグリコ定番の味をどっさり詰合せ

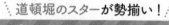

ジャイアントプリッツたこ焼味
13袋（各1本）入り756円
長さ約20cmのプリッツは、ソースとカツオ節が利いて香ばしい味
ⒶⒷ

ⒶⒷ
だるまのいかフライ
75g入り600円
串カツだるま（☞P65）のソース味。お酒のおつまみにもぴったり

……オモシロみやげならココ！……

道頓堀
なにわめいぶついちびりあん どうとんぼりてん
なにわ名物いちびり庵 道頓堀店 Ⓐ

☎06-6212-5104 住大阪市中央区道頓堀1-7-21 ⏰10～22時 休無休 Pなし 交地下鉄御堂筋線なんば駅から徒歩5分、中座くいだおれビル1階 MAP付録P16D1

……お菓子もグッズも限定品多数……

なんば
りとるおおさか えきもなんばてん
リトル大阪 ekimoなんば店 Ⓑ

☎06-7507-2226 住大阪市中央区難波1-9-7 ⏰10～22時 休無休 Pなし 交地下鉄御堂筋線なんば駅から徒歩すぐ、地下1階コンコース MAP付録P17C2

※商品は売切れ、変更になる可能性があります。

いちびり庵 道頓堀店内のセレクトショップもチェック！

コテコテの大阪みやげをオリジナル展開するいちびり庵では、伝統的な大阪産品や地元メーカー商品などを厳選。大阪・住吉の呉服店「本こころや」の浪花本染てぬぐい1100円～など、通好みの逸品が見つかりそう。

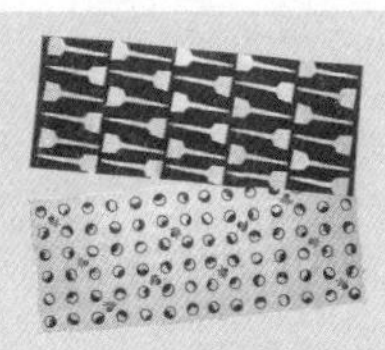

ツッコミたくなるユニーク系
大阪弁みやげ

大阪タオル Ⓐ
各550円
種類はオトン・オカン・ウチ・アンタの4種。家族に専用タオルをおみやげに

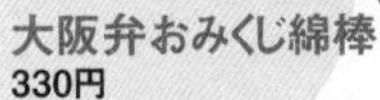

みんなで楽しく占おう♪

Ⓐ
大阪弁おみくじ綿棒
330円
超吉や超凶などの運勢と大阪弁のひとことが一本一本に入る引いて楽しいアイテム

ⒶⒷ
大阪弁サングラス
各660円
「好きやねん」や「知らんけど」などベタな大阪弁をあしらったサングラスでテンションアップ！

Ⓐ かんにんペーパー
550円
大阪弁の詫び文句とマンガが描かれたトイレットペーパー。笑って許してもらえるかも

レトロなデザインがええねん
大阪メーカーもん

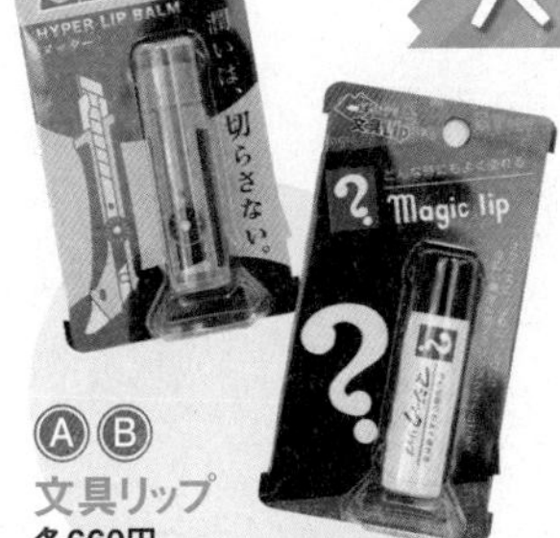

ⒶⒷ
文具リップ
各660円
大阪発の企業が手掛ける一度は見たことがあるカッターやマジックをモチーフにしたリップ

フエキくんビッグマーブルチョコ
40g388円
普通のどうぶつのりかと思いきや、中には大粒のマーブルチョコがどっさり！

ⒶⒷ

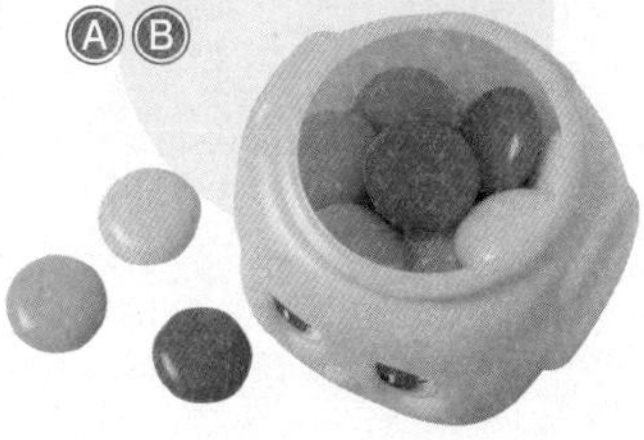

フエキくんがキュート♡

フレッシュジェル（左） Ⓑ
うるおい洗顔（右）
各550円
懐かしいフエキのどうぶつのりの入れ物に、保湿ジェルや洗顔クリームが

フエキくんは大阪の文具メーカー・フエキのキャラクター。専門店「フエキショップ」(☞P72)が心斎橋PARCO内にあるのでチェック！

ココにも行きたい

ミナミのおすすめスポット

ほうぜんじ
法善寺

地元の信仰厚い水掛け不動さん

苔むした不動さんに水をかけてお参りする「水掛け不動さん」で有名な浄土宗の寺。商売繁昌・恋愛成就にご利益があるとされ、昔から近隣の商売人や、道頓堀の劇場に出る芸人らに信仰されてきた。参道と横丁には老舗の飲食店が並び、深夜まで多くの人で賑わう。

DATA ☎06-6211-4152 住大阪市中央区難波1-2-16 ¥時休境内自由 Pなし 交地下鉄各線なんば駅から徒歩5分 MAP付録P16D2

いまみやえびすじんじゃ
今宮戎神社

大阪の商売を護る神様

創建は推古天皇年間（600年頃）、聖徳太子の四天王寺建立の際、西方の守護神として建てられたそう。商売繁盛、福徳円満の神として信仰を集め、毎年1月の十日戎も有名（→P140）。

DATA ☎06-6643-0150 住大阪市浪速区恵美須西1-6-10 ¥参拝無料 時6～22時（授与所は9～17時、十日戎期間中は終日開門） 休無休 Pなし 交南海高野線今宮戎駅から徒歩すぐ MAP付録P19B2

なんばやさかじんじゃ
難波八阪神社

巨大な獅子頭の絵馬殿が圧巻

獅子頭をかたどった高さ約12mの獅子殿（ししでん）で知られ、記念撮影に訪れる観光客も多い。毎年1月第3日曜には「綱引神事（つなひきしんじ）」、7月には道頓堀川の「船渡御（ふなとぎょ）」など、地元なんばの伝統行事を行う。

DATA ☎06-6641-1149 住大阪市浪速区元町2-9-19 ¥参拝無料 時6～17時（授与所は9時～16時50分） 休無休 Pなし 交地下鉄各線なんば駅から徒歩6分 MAP付録P19A1

なんばぱーくす
なんばパークス

緑に包まれた癒やし系複合ビル

南海なんば駅直結。洗練された大人の男女をターゲットに、高感度なファッション、グルメ、シネコンも入るショッピングセンター。3～9階には段丘型の屋上庭園があり、癒やされ度満点。

DATA ☎06-6644-7100 住大阪市浪速区難波中2-10-70 時物販11～21時、レストラン街11～23時（一部店舗を除く） 休不定休 P647台（有料） 交南海各線なんば駅直結 MAP付録P17C4

しんさいばしびっぐすてっぷ
心斎橋BIGSTEP

アメリカ村のランドマークビル

地下2階から地上7階まで吹き抜けの開放的な空間で、アパレルのほか、ライブハウスやミニシアターなども展開する複合ビル。約30年前に誕生して以来、トレンドを発信し続けるアメリカ村のシンボルともいえる場所だ。

DATA ☎06-6258-5000 住大阪市中央区西心斎橋1-6-14 時11～20時（レストランは～22時）※一部店舗は異なる 休不定休 P107台（有料） 交地下鉄各線心斎橋駅から徒歩2分 MAP付録P15C2

たかしまやおおさかてん
髙島屋大阪店

なんばのランドマーク百貨店

なんばの老舗百貨店。自主編集のファッションゾーンが注目を集める。7～9階のレストランゾーンには、大阪発の有名店をはじめ多彩な店が揃う。地下1階には大阪みやげも充実。

DATA ☎06-6631-1101 住大阪市中央区難波5-1-5 時10～20時（売場により異なる） 休不定休 P契約駐車場あり（有料） 交地下鉄各線なんば駅から徒歩すぐ MAP付録P17C3

どん・きほーてかんらんしゃ（えびすたわー）
ドン・キホーテ観覧車（えびすタワー）

ミナミの街並みを眺めながら空中散歩

約15分で1周する世界初の長円形観覧車。最高部は地上約77m！3階の搭乗口には縁起物コーナーを展開。

DATA ☎06-6214-6511 住大阪市中央区宗右衛門町7-13 ¥1人600円 時14～20時（最終搭乗～19時30分）※季節により異なる 休火・金曜※荒天時など臨時休業あり Pなし 交地下鉄各線なんば駅から徒歩6分 MAP付録P16D1

とんぼりりばーくるーず
とんぼりリバークルーズ

クルーズ船で巡る道頓堀は格別

ドン・キホーテ前の太左衛門橋船着場から出航し、日本橋～湊町間を約20分で周遊。ドハデなネオンなど道頓堀ならではの景色を川面から望み、水都らしい観光ができる。

DATA ☎050-1807-4118（一本松海運） ¥乗船1200円※当日現地発売 時11～21時（毎時00分、30分発） 休2024年は7月13・24・25日ほか Pなし 交太左衛門橋船着場：地下鉄各線なんば駅から徒歩5分 MAP付録P16D1

どうとんぼりくくるこなもんみゅーじあむ
道頓堀くくるコナモンミュージアム

粉もんの魅力を再発見しよう

コナモンのテーマパーク。「たこ家 道頓堀くくる」のたこ焼の販売のほか、たこ焼のロウサンプル作り体験（要予約、2000円）や、匠の指導で自分でたこ焼を焼ける工房もあり。

DATA ☎06-6214-6678 住大阪市中央区道頓堀1-6-12 ¥入館無料 時フロアにより異なる 休無休 Pなし 交地下鉄各線なんば駅から徒歩5分 MAP付録P16D1

あじのや ほんてん
味乃家 本店

行列必至の名物お好み焼

道頓堀のほど近く。4代にわたって守ってきたお好み焼レシピは、キャベツたっぷりでふんわり焼き上げるのがポイント。豚、タコ、イカ、エビ、ミンチが入る味乃家ミックス1480円。

DATA ☎050-1809-4021 住大阪市中央区難波1-7-16 現代こいさんビル2階 ⏰火～木・日曜、祝日は11～22時（21時30分LO）、金・土曜は～22時30分（22時LO）休月曜 Pなし 交地下鉄各線なんば駅から徒歩2分 MAP付録P17C2

ちとせ ほんてん
千とせ 本店

うどん抜きの"肉吸い"が名物

吉本芸人も足繁く通う創業約70年の麺処で、名物は肉うどんから肉を抜いて提供する肉吸い800円。牛肉のコクとうま味が溶け出すだしが絶品で、半熟玉子も相性抜群。吉本新喜劇の花紀京が二日酔いの日に「うどん抜きで」と注文したのがはじまり。

DATA ☎06-6633-6861 住大阪市中央区難波千日前8-1 ⏰10時30分～14時※売切れ次第終了 休火曜 Pなし 交地下鉄各線なんば駅から徒歩5分 MAP付録P16D4

いっぽうてい ほんてん
一芳亭 本店

薄焼き玉子で包む名物しゅうまい

創業から90年近く愛され続けている中華料理店。看板メニューのしゅうまい5個350円は豚肉とエビのミンチ、玉ねぎを薄焼き玉子で包む独特のもので、1日8000個以上蒸されるほどの人気。美食家でもあった作家・池波正太郎も著書で絶賛した逸品だ。

DATA ☎06-6641-8381 住大阪市浪速区難波中2-6-22 ⏰11時30分～20時LO 休日曜、祝日 Pなし 交地下鉄各線なんば駅から徒歩6分 MAP付録P16D4

せんにちまえ はつせ
千日前 はつせ

自分流のお好み焼を完全個室で

昭和20年から続くセルフ焼き方式のお好み焼店。粉やだしの配合を工夫した生地は誰が焼いてもおいしく仕上がる。ほどよい脂の肩ロースを使う豚玉968円。

DATA ☎06-6632-2267 住大阪市中央区難波千日前11-25はつせビル2階 ⏰11時30分～23時LO（土・日曜、祝日は11時～）休無休 Pなし 交地下鉄各線なんば駅から徒歩5分 MAP付録P16D3

だいにんぐあじと
DININGあじと

"裏なんばの聖地"と呼ばれる名物店

界隈が裏なんばと呼ばれる前から地元で人気を博すダイニングバー。人気の特製なんこつ入りつくね680円をはじめとする、産地にこだわった食材を和洋問わずに創作。選りすぐりのワインや地酒と楽しめる。

DATA ☎06-6633-0588 住大阪市中央区難波千日前4-20 ⏰11時30分～14時LO、17～23時（フード22時LO、ドリンク22時30分LO）休不定休 Pなし 交地下鉄各線なんば駅から徒歩6分 MAP付録P16D3

くれーぷりー・あるしょん
クレープリー・アルション

本格派クレープ&ガレットの名店

フランスの小麦粉、バターで作る本場スタイルのクレープと、本格ガレットが味わえる洋館レストラン。ガレットにドリンク、デザートクレープが楽しめるクレープリーランチ1980円が人気。

DATA ☎06-6212-2270 住大阪市中央区難波1-4-18 ⏰11時30分～22時（21時15分LO）、ランチは～15時（土・日曜、祝日は11時～、ランチは～17時）休無休 Pなし 交地下鉄各線なんば駅からすぐ MAP付録P16D2

column

名店が点在する ミナミ随一の飲み屋街「裏なんば」

主になんばグランド花月の東側と南側一帯を指すエリア。細く入り組んだ路地には、老舗居酒屋から名物横丁まで多くの人気店が軒を連ねる。地元民はもちろん、今や観光客まで多くの人が訪れ、連日賑わいをみせる。週末は事前予約がベター、予約が難しければ早めの入店がオススメ。MAP付録P16D3～E4

めおとぜんざい
夫婦善哉

カップルにおすすめのご利益善哉

法善寺の境内にある創業140年以上の老舗甘味処。二椀で1人前の夫婦善哉815円は横丁の名物で、丹波大納言小豆を使用したこだわりの手づくり。カップルで1人前ずつ食べると円満になるとか。文豪・織田作之助の小説『夫婦善哉』の舞台としても知られる名店だ。

DATA ☎06-6211-6455 住大阪市中央区難波1-2-10 ⏰10～22時 休無休 Pなし 交地下鉄各線なんば駅から徒歩6分 MAP付録P16D2

かすてらぎんそう しんさいばしほんてん
カステラ銀装 心斎橋本店

上品な口溶けの焼きたてカステラ

心斎橋で創業して70余年、天然素材で作るこだわりのカステラがウリ。特に心斎橋本店の限定品・窯出しカステラMサイズ972円は要チェック。

DATA ☎06-6245-0021 住大阪市中央区心斎橋筋1-4-24 ⏰10時30分～18時30分（カフェは18時LO）休不定休 Pなし 交地下鉄各線心斎橋駅から徒歩すぐ MAP付録P15C2

耳よりmemo

船(＋α)でめぐる 水都・大阪クルージング

（プラスアルファ）

市中を大きな川が縦横に流れる「水都」、大阪。さまざまな表情の街並みを水面から望む、クルーズ観光はいかが？

このクルーズは落語家がご案内します♪

クルーズの航路は付録P21をチェック！

START!

0:00

タグボート大正

乗船場は、フードホールやレストラン、イベントスペースを備えた複合施設内にある

0:03

京セラドーム大阪

川沿いにたたずむメタリックな曲線美の京セラドーム大阪に注目。このまま木津川を北上

0:15

ほたるまち

堂島川の北側ほとりに作られた新しい街。水辺を意識した空間に、ホールや商業施設などが並ぶ

0:30

中之島

堂島川と土佐堀川に挟まれた「大阪のシテ島」。大阪市中央公会堂(☞P50)など重厚な建築が見もの

0:45

大川

落語家が軽妙な語り口で楽しく案内してくれる。3月下旬～4月上旬は、大川両岸の桜が眺められ、特におすすめ(乗船大人4000円)

GOAL!

1:30

タグボート大正

約90分

らくごかといく なにわたんけんくるーず（なかのしまいっしゅうこーす）

落語家と行く なにわ探検クルーズ（中之島一周コース）

笑いながら市内を巡ろう

木津川～堂島川～大川～土佐堀川～木津川と、市内中心部をぐるりとめぐる。現役落語家が同乗、抱腹絶倒のガイドで盛り上げてくれる大阪らしい名物クルーズだ。

☎050-1807-4118（一本松海運）住発着：大阪市大正区三軒家西1-1-14 タグボート大正 ￥乗船大人3500円 🕒出航：12時・14時 Pなし 交JR大正駅から徒歩5分 MAP付録P7A2

※クルーズはいずれも天候・潮位・河川工事・イベントなどにより変更・中止される場合があります。

0:00 START!

大阪城港

三国一の名城から大川へ繰り出そう。大坂橋を越えると大阪城公園の緑が途切れ、都会の風景が広がる

0:20

淀屋橋

大川を遊覧し、大阪市役所の前でUターン、東へ向かう

0:25

中之島周辺

大阪市中央公会堂など、川沿いにレトロビルが点在。東側の剣先では、毎時00・15・30・45分に大噴水も！

0:30

八軒家浜船着場

もともと中世～近世に大阪ー京都間を往来した三十石船の船着場だった

GOAL! 0:45

©(公財)大阪観光局

おおさかすいじょうばす「あくあらいなー」（おおさかじょう・なかのしまめぐり）

大阪水上バス「アクアライナー」（大阪城・中之島めぐり）

大阪の歴史と自然を満喫

大阪城公園にある「大阪城港」を出航し、天満橋や中之島周辺を巡る、水都・大阪の定番観光船。歴史を感じる川沿いの建築物やいくつもくぐる橋など、大阪の街を水上からゆっくり眺めて楽しもう。☎0570-03-5551（大阪水上バス予約センター、9時15分～16時）大阪城港：住大阪市中央区大阪城2地先 ¥大人1600円 ※春期特別料金あり 🕒1日9便（多客時は増便の場合あり）休7月25日午後、1月中旬、2月上旬に休業日あり Pなし 交JR大阪環状線大阪城公園駅からすぐ MAP付録P20C3（大阪城港）※運航日、運航時間、所要時間などは予告なく変更する場合あり。最新情報は公式WEBサイトで要確認

アートな観光船も運航！

大阪水上バス「アクアライナー」には、ポップなアート船もあり。大阪出身のアーティスト・ハタヤマママサオ氏が大阪をモチーフに描いたイラストが船体を彩る。運航スケジュールは未定、乗れたり見れたりできたらラッキー！

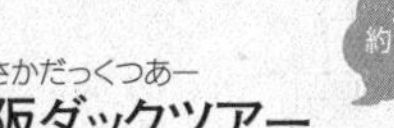

START!

0:00

川の駅はちけんや

八軒家浜船着場に隣接する水都のにぎわい施設から陸路で出発

0:05

大阪城周辺

土佐堀通を東へ進み、桜ノ宮公園へ。さらに進んで大阪城天守閣を外から観賞しよう

0:20

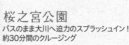

桜之宮公園

ザバァー！

バスのまま大川へ迫力のスプラッシュイン！約30分間のクルージング

0:45

大川

水面に浮かぶバスの車体は沿岸からも注目のマト。四季の彩りを望みながら優雅に南下

0:50

八軒家浜

京都と大阪を結ぶ淀川舟運の要衝として栄えた江戸時代のターミナルでUターン

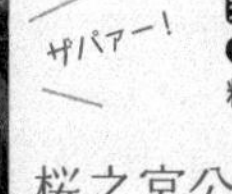

1:15 GOAL!

再び桜之宮公園から上陸。天神橋筋～中之島を通って川の駅はちけんやへ

約75分

おおさかだっくつあー

大阪ダックツアー

ダイナミック！水陸両用バス

ユニークな水陸両用バスで大阪名所をめぐる。桜之宮公園で大川にダイブする瞬間は超エキサイティング！おもしろガイドの案内と「バスでクルーズ」の違和感を楽しもう。

☎06-6941-0008（日本水陸観光）住発着：大阪市中央区北浜東1-2川の駅はちけんや ¥乗車3800円 🕒1日5便（要予約、予約受付は9時30分～17時30分）休無休 Pなし 交地下鉄谷町線・京阪天満橋駅から徒歩すぐ MAP付録P20A3 ※最少催行人数10人。料金・便数は時期により異なる

これしよう！

天王寺動物園で癒やされた〜い！

「生態的展示」で話題。自然の姿の動物たちに会いに行こう（☞P90）

これしよう！

高さ約300m！超高層複合ビルへ

展望台や美術館、百貨店にホテルと、楽しみ満載のあべのハルカス（☞P88）

これしよう！

通天閣にのぼろう

ザ・大阪のシンボルタワー。展望台からは何が見えるかな？（☞P84）

天王寺はココにあります！

通天閣やあべのハルカスが見守るパワフルゾーン

天王寺・新世界

てんのうじ・しんせかい

こんなところ

天王寺はJR関西本線、近鉄南大阪線の起点で、南大阪の玄関口。超高層複合ビル・あべのハルカスや天王寺公園・動物園など遊べるスポットも多い。北に上がれば四天王寺界隈の歴史深い街並み、動物園の西側は通天閣のある新世界。串カツや立ち飲み店が並ぶ昭和レトロな風景が広がっている。

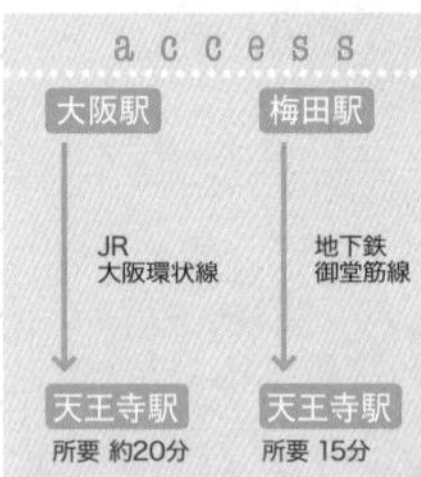

access

大阪駅	梅田駅
JR 大阪環状線	地下鉄 御堂筋線
天王寺駅	天王寺駅
所要 約20分	所要 15分

広域MAP 付録P18〜19

～天王寺・新世界おさんぽマップ～

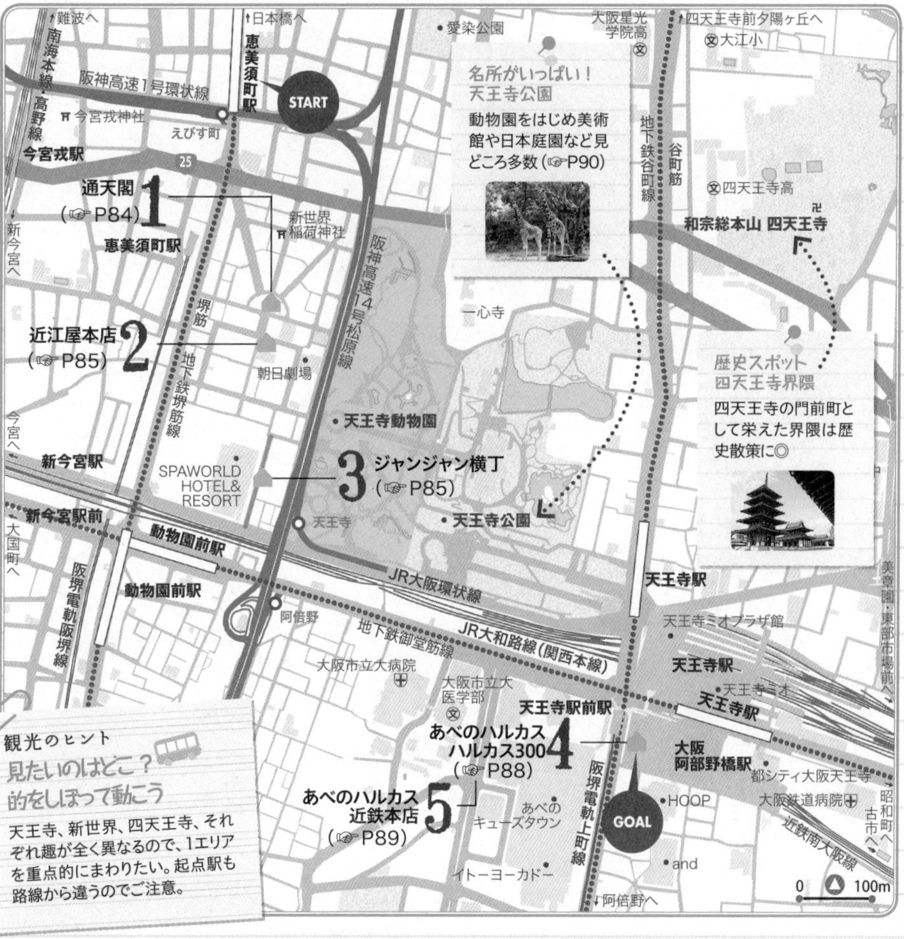

START
GOAL
通天閣（☞P84）1
近江屋本店（☞P85）2
3 ジャンジャン横丁（☞P85）
あべのハルカス ハルカス300 4（☞P88）
あべのハルカス 近鉄本店 5（☞P89）
名所がいっぱい！
天王寺公園
動物園をはじめ美術館や日本庭園など見どころ多数（☞P90）
歴史スポット
四天王寺界隈
四天王寺の門前町として栄えた界隈は歴史散策に◎
難波へ
日本橋へ
四天王寺前夕陽ヶ丘へ
南海本線・高野線
恵美須町駅
阪神高速1号環状線
今宮戎神社
えびす町
今宮戎駅
新世界稲荷神社
恵美須町駅
新今宮へ
堺筋
地下鉄堺筋線
朝日劇場
今宮へ
新今宮駅
SPAWORLD HOTEL&RESORT
新今宮駅前
大国町へ
動物園前駅
阪堺電軌阪堺線
天王寺
動物園前駅
阪神高速14号松原線
天王寺動物園
天王寺公園
一心寺
愛染公園
大阪星光学院高
大江小
地下鉄谷町線
谷町筋
四天王寺高
和宗総本山 四天王寺
JR大阪環状線
阿倍野
地下鉄御堂筋線
JR大和路線（関西本線）
天王寺駅
天王寺ミオプラザ館
天王寺駅
天王寺ミオ
天王寺駅
大阪市立大病院
大阪市立大医学部
天王寺駅前駅
大阪阿部野橋駅
都シティ大阪天王寺
阪堺電軌上町線
HOOP
大阪鉄道病院
あべのキューズタウン
イトーヨーカドー
and
阿倍野へ
美章園・東部市場前へ
昭和町・古市へ
近鉄南大阪線
0 100m

観光のヒント

見たいのはどこ？ 的をしぼって動こう

天王寺、新世界、四天王寺、それぞれ趣が全く異なるので、1エリアを重点的にまわりたい。起点駅も路線から違うのでご注意。

ぐるっと廻って

4時間

新世界～阿倍野コース。何はともあれ通天閣に上ってビリケンさんにご挨拶を。下町の串カツを堪能し、商店街で昭和気分。ここからぐっと気分を変えて、あべのハルカスの展望台へ。

- スタート　地下鉄恵美須町駅
- ▶ 徒歩3分
- 1（見学）通天閣
- ▶ 徒歩すぐ
- 2（食べる）近江屋本店
- ▶ 徒歩2分
- 3（見学）ジャンジャン横丁
- ▶ 徒歩10分
- 4（見学）あべのハルカス ハルカス300
- ▶ 徒歩すぐ
- 5（買い物）あべのハルカス 近鉄本店
- ▶ 徒歩すぐ
- ゴール　地下鉄天王寺駅

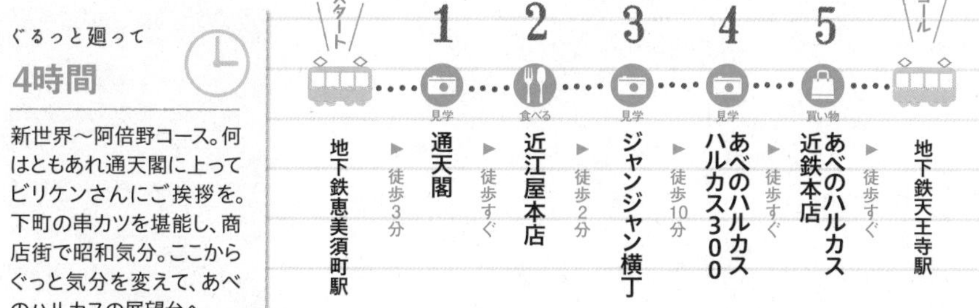

新世界で通天閣と昭和レトロな下町散策

2023年に屋外広告看板が全面LEDにリニューアルした通天閣、エネルギッシュで下町人情あふれる新世界周辺を散策しましょう。

国の登録有形文化財

特別屋外展望台「天望パラダイス」(入場料別途300円、🕒10～19時50分※入場は～19時30分)

5階は一面黄金の展望台！大阪の景色を360度見渡せる

ビリケン像は3代目。足の裏をかいて願い事を

通天閣（つうてんかく）

スタート！

大阪を象徴するシンボルタワー

高さ108m、新世界の中心にそびえ立つ展望塔。初代は明治45年（1912）に誕生、現在は2代目で、昭和31年（1956）に完成した。5階は「黄金の展望台」、地上87.5mから大阪の街並みを一望できる。幸福の神様・ビリケン像もこのフロアに。頂上部には、地上94.5mの風を感じられる、特別屋外展望台や跳ね出し展望台も！

☎06-6641-9555 住大阪市浪速区恵美須東1-18-6 ¥1000円 🕒10～20時（入場は～19時30分）休無休 Pなし 交地下鉄堺筋線恵美須町駅から徒歩3分 MAP付録P19C3

2階には「キン肉マンミュージアム」も。等身大のキン肉マンが登場

地下1階「通天閣わくわくランド」にはは3大お菓子メーカーのアンテナショップが

2階売店では、ビリケンさんや通天閣のグッズも。ジッパーコインケース528円

体験型新アトラクション「TOWER SLIDER（タワースライダー）」誕生！

2022年に全長約60mのすべり台が誕生！3階から地下1階まで、約10秒でスパイラル状に滑り降りる。タワースライダーのみの利用もOK！

¥1回1000円 🕒10時～19時30分

▶通天閣を見上げながら一気に滑降しよう

▼コースは先が見えないほど急でスリル満点！

脚部の天井には初代通天閣にあった天井画を再現

通天閣へ延びる道は撮影スポット

人力車に乗って街を案内してもらおう

人力車で楽しく新世界巡りを

新世界の街を知り尽くした俥夫さんが、愉快にガイドしてくれる人力車・俥天力が評判。新世界～四天王寺エリアを巡る10～60分の5コースがあり、アレンジもOK。→P141

徒歩2分

おうみやほんてん

近江屋本店

新世界で創業約70年 人気抜群の串カツ店

串カツ激戦区・新世界で、不動の人気を誇る老舗。定番の本家串かつ（牛肉）の衣はパン粉を使わず牛脂で揚げるため、アメリカンドッグ風のモチモチ食感にコクが加わる。串かつは常時全30種ほどあり、マグロやハモなど魚串も充実！

☎06-6641-7412 住大阪市浪速区恵美須東2-3-18 ⏰12時～20時30分LO 休木曜（祝日の場合は翌日）Pなし 交地下鉄各線動物園前駅から徒歩5分 MAP付録P19C3

右から定番の本家串かつ100円、すなずり170円、たこから330円

串カツメニューは全てテイクアウトできる

テーブルとカウンター席が両方あり、常連客でいっぱい

徒歩1分

徒歩1分

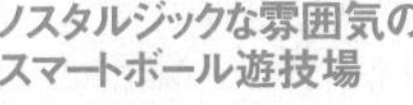

すまーとぼーる にゅーすたー

スマートボール ニュースター

ノスタルジックな雰囲気のスマートボール遊技場

穴に球が入れば、新たな球が出てくるシステム

昭和初期に流行したスマートボールを楽しめる。店内には昔のままの設備が残されており、パチンコのアナログ版ともいえる遊技台が約50台。盤に開いた穴に入った球は景品と交換してくれる。なお、18歳未満は入場不可。

☎06-6641-1164 住大阪市浪速区恵美須東3-5-19 ¥25球100円 ⏰11時30分～22時（土・日曜、祝日は10時～）休月6回不定休 Pなし 交地下鉄各線動物園前駅から徒歩5分 MAP付録P19C3

昭和の雰囲気が漂う店内で、めざせフィーバー！

徒歩2分

看板に「ジャンジャン町」。もう一つの愛称だ

串カツ店は行列ができる人気店も多い

外から囲碁・将棋の真剣勝負を見物する人たち

じゃんじゃんよこちょう

ジャンジャン横丁

ゴール！

レトロな空気がたまらない!? 活気あふれる人情スポット

昭和レトロな雰囲気が漂うアーケード商店街。幅2.5m、長さ180mの細長い通りの両側に、串カツ店、囲碁クラブ、立ち飲み店などの個性的なお店がズラリと並ぶ。お店で隣り合わせるおっちゃんたちのトークも優しい。

⏰休店舗により異なる 交地下鉄各線動物園前駅から徒歩すぐ MAP付録P19C3

戦後、地元有志が集まって再建したのが現在の通天閣。タワーにはいろいろな日本一や世界初が隠れているんですよ。

串カツのあと、何食べる？
新世界で昭和グルメ観光

新世界グルメといえばやっぱり串カツ！ 名店を食べ比べした後は、昭和の香り漂う新世界ならではの味を探訪していきましょうか。

❶定番の元祖串かつ（牛肉）、紅しょうが各143円など ❷店内はカウンターのみで、下町情緒たっぷり ❸甘辛く煮込んだどて焼440円も名物

串カツ

そうぎょうしょうわよねん しんせかいがんそくしかつ だるまそうほんてん

創業昭和四年
新世界元祖串かつ
だるま総本店

新世界串かつの発祥
断トツのレジェンド店

串カツ店の定番「ソース二度づけ禁止」の元祖ともいわれるのがこちら。きめ細かい衣をしっかり付け、切れのよいヘット油でカラリと揚げる。ネタは約40種、おすすめを盛り合わせたセットメニューがお得！

☎06-6645-7056 住大阪市浪速区恵美須東2-3-9 🕒11～22時LO 休無休 Pなし 交地下鉄各線動物園前駅から徒歩5分 MAP付録P19C3

昭和File.1

串カツ

戦前から日雇い労働者の多かった新世界では、手軽で腹持ちよい食事として串カツが流行。昭和初期～戦後から今も続く老舗も多い

串カツ

てんぐ

てんぐ

ジャンジャン横丁の老舗は
大ぶりネタで勝負

創業昭和20年（1945）、ボリューム満点のネタが自慢。分厚めの衣には味が付いているので、ソースとの相性も良いが、塩で味わうのもアリ。ほとんどの串が1本150円or250円とリーズナブルなのも人気の理由。

☎06-6641-3577 住大阪市浪速区恵美須東3-4-12 🕒10時30分～20時30分LO 休月曜 Pなし 交地下鉄各線動物園前駅から徒歩2分 MAP付録P19C3

▲長～いカウンター席。ズラリ横並びが下町っぽい

▶串かつ（牛肉）130円、アスパラ250円。特大のエビ490円は開いて揚げる

▲約25㎝、名物・皇帝エビ1780円

▶サーモン親子串 いくらこぼし550円は本数限定

串カツ

おうしょうくらぶ

王将倶楽部

もと棋会所の空間で
個性派アレンジ串を

ジャンジャン横丁で約70年間愛された将棋クラブの建物をリノベーションした串カツ店。旬の素材を使った、ビジュアル◎の創作串を提供する。新世界価格の気軽な串や、デザート串もおすすめ。

▲将棋クラブ時代の名残りが感じられる

☎06-6556-9464 住大阪市浪速区恵美須東3-4-9 🕒12～21時30分LO（土・日曜、祝日は11時～）休不定休 Pなし 交地下鉄各線動物園前駅から徒歩3分 MAP付録P19C3

❶ホットケーキ750円。ふっくら厚めで表面はサクッ、中はしっとり ❷スパゲティ(イタリアン)700円も人気のメニュー ❸ノスタルジックな雰囲気漂う店内 ❹ストライプのひさしがかわいらしい

純喫茶
きっさどれみ
喫茶ドレミ

空間もメニューも とびきりノスタルジック

通天閣の足元にあるレトロな喫茶店。名物は注文後に約20分かけて焼き上げるホットケーキで、創業以来変わらない味を楽しめる。スイーツのほか軽食メニューも多彩。

☎06-6643-6076 住大阪市浪速区恵美須東1-18-8 ⏰10~18時(17時30分LO) 休月曜(祝日の場合は翌平日) Pなし 交地下鉄堺筋線恵美須町駅から徒歩3分 MAP付録❷P19C3

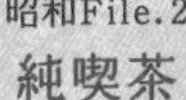

昭和File.2
純喫茶
照明を落とした落ち着ける空間、濃いコーヒーと軽食、ミックスジュース。昔ながらの純喫茶には、昭和ロマンが今も漂う

純喫茶
せんなりやこーひー
千成屋珈琲

❶ジャンジャン横丁にたたずむ ❷テーブルや椅子、内装も変えず、昭和の趣を生かす ❸ミックスジュース750円は果実感たっぷりの濃厚味。生乳ソフトクリーム400円

発祥の店のミックスジュースを現代に再現

ミックスジュースの発祥といわれる店のレシピを受け継ぎ、同じ場所で提供。内装もほぼ昔のまま、懐かしい味と雰囲気を楽しめる。サンドイッチやパフェ、クリームソーダなど「ザ・純喫茶」メニューもスタンバイ。

☎06-6645-1303 住大阪市浪速区恵美須東3-4-15 ⏰11時30分~19時(土・日曜、祝日は9時~) 休無休 Pなし 交地下鉄各線動物園前駅から徒歩2分 MAP付録P19C3

洋食
ぐりるぼん
グリル梵

通天閣のすぐそば 洋食の老舗へ

パン粉やソース、マヨネーズまで全て一から手づくりという、こだわりの洋食店。名物は先代のレシピを改良したヘレカツカレー煮込み2200円。また、肉厚のヘレビフカツサンド2200円も人気メニュー。

昭和File.3
洋食
文明開化で流入した西洋料理が、日本人の口に合わせて独自に進化した「日本の洋食」。ご飯との相性が良く、万人に愛される

☎06-6632-3765 住大阪市浪速区恵美須東1-17-17 ⏰12~14時LO、17~19時LO(売り切れ次第終了) 休6・16・26日(土・日曜、祝日の場合は翌平日)、月1回不定休あり 交地下鉄堺筋線恵美須町駅から徒歩3分 Pなし MAP付録P19C3

❶ヘレカツカレー煮込みは、柔らかな牛フィレとサクサク衣に、多彩な果物や野菜を使った自家製カレーがたっぷり ❷オープン当時のままのレトロな雰囲気

通天閣の南側には串カツ店などが密集していますが、北側の路地にも隠れた名店があるんです。

超高層複合ビル あべのハルカスへ行こう！

高さ300mを誇り、さまざまな機能が集約された「立体都市」。展望台、美術館、ホテルに百貨店と見どころいっぱいです。

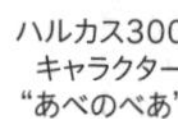

ハルカス300
キャラクター
"あべのべあ"

A 58〜60F
ハルカス300

19・20・38〜55・57F
大阪マリオット都ホテル
(→P134)

オフィス

B 16F
あべのハルカス美術館

C B2〜14F
あべのハルカス近鉄本店

ウイング館
タワー館

B2・1F
近鉄大阪阿部野橋駅

あべのはるかす
あべのハルカス

ホテル、百貨店、美術館などが一つのビルに大集結。大阪中を一望できる高さの展望台や、都市型美術館、日本一の売り場面積を誇る百貨店など、その充実度が注目を集める大阪のランドマーク。駅直結で、目的に合わせて軽く立ち寄るも良し、半日かけて遊び尽くすも良し。

住大阪市阿倍野区阿倍野筋1-1-43 交近鉄大阪阿部野橋駅直結、JR・地下鉄各線天王寺駅から徒歩すぐ P施設により異なる MAP付録P18D4

(上)市内全域のランドマークが見渡せる
(左下)58階天空庭園は絶好の憩いの場
(右下)大阪の光り輝く夜景を一望

展望台
はるかすさんびゃく
A ハルカス300

高さ300m、全景360度の大パノラマ

あべのハルカス最上58〜60階に位置する展望台。60階は360度大阪平野全域を見渡せるガラス張りの天上回廊で、気候条件がよければ京都タワーや淡路島も望める。58階は上空に吹き抜ける天空庭園で、風と光を気持ちよく感じられる空間。

☎06-6621-0300（10〜17時）¥大人1800円（当日券はタワー館16階の「ハルカス300チケットカウンター」で販売〈8時50分〜21時30分〉）◷9〜22時 休無休

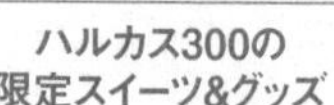

ハルカス300の限定スイーツ&グッズ

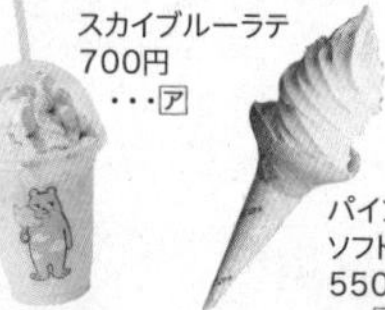

スカイブルーラテ
700円
・・・ア

パインアメ
ソフトクリーム
550円
・・・ア

あべのべあぬいぐるみ
S1320円・M2200円
・・・イ

あべのべあ
プリントクッキー
24枚入り972円
・・・イ

ア SKYGARDEN 300(58F)
イ SHOP HARUKAS 300(59F)

美術館

B あべのはるかすびじゅつかん

あべのハルカス美術館

気軽に楽しく高レベルの芸術を

国宝の展示も可能な本格的な設備を備え、幅広い時代や分野の展覧会を開催。駅直結の複合ビル内という立地を生かし、人とアートが気軽に深くふれ合える場所を提供する。

☎06-4399-9050 ¥展覧会により異なる 🕒10～20時（土・日・月曜、祝日は～18時。入館は閉館30分前まで）休一部の月曜（祝日の場合は開館）、展示替え期間、年末年始

地上300mのヘリポートツアーへ

あべのハルカス屋上のヘリポートに上がれる約30分間のツアー。遮るもののない地上300mの風を、ダイレクトに感じられます。60階カウンターで受付、営業データは公式WEBサイトで確認を。

地上300m!

百貨店

C あべのはるかすきんてつほんてん

あべのハルカス近鉄本店

日本最大の大型百貨店

地下2階～地上14階にわたり、日本一の売り場面積を誇る。約40の飲食店が集まった「あべのハルカスダイニング」をはじめ、限定スイーツ・おみやげが目白押しの「あべのフード・シティ」など、大阪の老舗百貨店がさらにパワーアップ！

☎06-6624-1111（代）

🕒店舗により異なる

タワー館12～14階のあべのハルカスダイニングには、ナイスビューなレストランも。🕒11～23時

あべのフード・シティ

タワー館B2～B1、ウイング館B2

🕒10時～20時30分

「銀装」のあべのハルカステラ 6個1404円（タワー館B1）

「クラブハリエ B-studio あべのハルカス近鉄店」のバームクーヘン（あべのハルカス限定パッケージ）1836円（タワー館B1）

伝統の技法でフランスの味を再現する「メゾンカイザー」。クロワッサン1個280円（ウイング館B2）

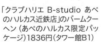

百貨店内の自動アナウンスは、あの「情熱大陸」でも有名な窪田等氏が担当してるんですよ。

都会の真ん中で自然&文化散策 天王寺動物園・天王寺公園

天王寺動物園・天王寺公園はJR天王寺駅からも近く市民の憩いスポット。動物園、公園、美術館、日本庭園と、気軽にいいとこ取りしちゃいましょ。

天王寺動物園
てんのうじどうぶつえん

迫力の生態的展示

動物たちの自然な生息環境の景観を再現した「生態的展示」が話題の動物園。園内ではおよそ180種1000点の動物が飼育されている。「おやつ・ごはんタイム」時には飼育員のワンポイントガイドが行われることもあり、動物たちの意外な生態を知ることができるかも。

☎06-6771-8401 住大阪市天王寺区茶臼山町1-108 ¥大人500円 ◷9時30分～17時(5・9月の土・日曜、祝日は～18時。入園は閉園1時間前まで) 休月曜(祝日の場合は翌日) P周辺あり 交JR・地下鉄各線天王寺駅・地下鉄各線動物園前駅・恵美須町駅から徒歩5～10分 MAP付録P19C3

▲生態的展示「アフリカサバンナゾーン」。まるで、ライオンとキリンが同じ空間にいるかのような迫力

▲ぬいぐるみなどのグッズは、てんしばi:na内の「ZOOQLE」で購入できる

園内のかわいい動物たち

◀ホッキョクグマのホウちゃんは天王寺動物園生まれ。プール遊びが大好き！

▶カバのティーナ。水中のカバを見られるのは天王寺動物園が日本初

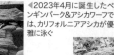

◀2023年4月に誕生したペンギンパーク&アシカワーフでは、カリフォルニアアシカが優雅に泳ぐ

▶夜行性動物舎で暮らすキーウィ。日本で見られるのは天王寺動物園だけ！

「生態的展示」って？

動物たちの生息環境の景観をできるだけ再現した臨場感あふれる展示。「アフリカサバンナゾーン」では、岩山に囲まれたサバンナの環境を再現。現地を旅する探検家気分で、まるで自然の中に暮らしているようなライオンやキリンたちに出会える。

▲アフリカサバンナゾーンでは、キリンやエランドなどが一緒に暮らしている

てんのうじこうえん
天王寺公園

都心で文化体験&ひと休み

市内でも有数の広さを誇る都市型公園。園内には、旧住友家の名園・慶沢園や大阪市立美術館（ともに詳細は公式WEBサイトで要確認）、茶臼山など、文化の薫りがする見どころも多い。エントランスエリアに広がる芝生広場・てんしばは憩いの場となっている。

住大阪市天王寺区茶臼山町 ¥無料 🕒7～22時（施設により異なる）休無休（施設により異なる）P周辺あり 交JR天王寺駅からてんしば東側入口まですぐ MAP付録P19C3

毎月21・22日の縁日と、3・9月の彼岸会には中心伽藍を無料開放する

茶臼山の歴史をチェック

公園内にある茶臼山一帯は、豊臣・徳川の雌雄を決した歴史スポット。大坂冬の陣では幕府軍・徳川家康の、夏の陣では豊臣軍・真田幸村の本陣となり、一進一退の攻防を繰り広げた茶臼山の戦いの舞台となりました。

自由にくつろげる、みんなの憩いのスペース

てんしば

公園のエントランスエリア。広大な芝生広場からは、あべのハルカスの雄姿が目の前に。カフェやレストランが並ぶほか、子どもの遊び場やドッグランなどもある。動物園入口そばの「てんしばi:na（イーナ）」は、アクティビティ施設や動物園のグッズショップなどがあり、にぎわう。住大阪市天王寺区茶臼山町5-55

▲「THE BBQ GARDEN」では、食材・ドリンクのみ持ち込みのBBQプランが2090円～。※変更の可能性あり ☎080-4204-4693 🕒公式WEBサイトで要確認 休無休

▼動物園のグッズショップ「ZOOQLE（ズークル）」は、まるでもう一つの動物園。ぬいぐるみや雑貨、お菓子などが揃う。🕒9時30分～17時30分（5・9月の土・日曜、祝日は～18時）休天王寺動物園休園日

ひと足のばして

わしゅうそうほんざん してんのうじ
和宗総本山 四天王寺

約1400年前に聖徳太子が建立

日本仏法最初の官寺で史跡指定された古刹。一直線に並ぶ伽藍を回廊が囲む「四天王寺式伽藍配置」は、日本で最も古い建築様式の一つ。創建時の品々を含む、約500点の国宝・重要文化財を所蔵する宝物館もある。

☎06-6771-0066 住大阪市天王寺区四天王寺1-11-18 ¥拝観自由（伽藍拝観300円、宝物館500円、庭園300円）🕒伽藍・庭園8時30分～16時30分（10～3月は～16時）※庭園の入園は閉園30分前まで 休無休 P34台（有料）交地下鉄谷町線四天王寺前夕陽ヶ丘駅から徒歩5分 MAP付録P18D2

▲聖徳太子の御霊を祀る太子殿もみどころ。回廊の外に立つ

▼参拝後はお守りを授かろう。八方除守、孝養御守各1000円

天王寺動物園では、時期により開園時間を延長する「ナイトZOO」を開催。昼間とは違う動物たちの姿を見られます。

大阪人の喜怒哀楽を文楽と芸能で体感する

文楽、上方落語、漫才。上方芸能と大阪の笑いの歴史。大阪の心を知るためにのぞいてみよう。

大阪生まれの伝統芸能“文楽”

三業の総合芸術

大阪を代表する伝統芸能といえば文楽。大阪を舞台にした作品も多い。文楽は人形浄瑠璃の一種で、19世紀はじめに、正井与兵衛（植村文楽軒）が大阪で開いた小屋が発展し、一座として人気となったことから「文楽」が人形浄瑠璃の代名詞となった。ユネスコ無形文化遺産に登録された、日本を代表する伝統芸能である。平家琵琶（平家物語を琵琶に合わせて語るもの）にルーツがあるという浄瑠璃は、さまざまな物語を音曲の調べにのせて語るもの。室町時代中頃にはじまったとされる。人形浄瑠璃は、その語りに合わせて人形を操るいわば人形劇。一人で物語の筋や登場人物の台詞を語る太夫、物語や人物の心情を表現する三味線、三人の遣い手によって操られる人形の「三業」が織りなす舞台芸術だ。情感たっぷりの語り、場面を盛り上げる三味線の音色、人形のなめらかな動きは、歌舞伎とはまたひと味違う趣で、観客を引き込む。

二人の天才によって大阪で開花

文楽の歴史は貞享元年（1684）に始まると言ってもよい。この年、浄瑠璃の義太夫節の創始者、竹本義太夫が大坂道頓堀に「竹本座」を創設。ここに座付き作家として近松門左衛門が登場する。近松は書き下ろしの『出世景清』を発表後、30年以上の長きにわたって、次々と人気演目を発表していく。
なかでも心中を扱った作品は、近松が暮らした大阪が舞台になったものが多く、梅田駅に近い繁華街となった曽根崎での心中事件を脚色した『曾根崎心中』、同じく曽根崎新地の遊女を主人公にした『心中天網島』、大阪の油屋をモデルにした『女殺油地獄』などがある。悲劇に終わるドラマチックな展開と、周囲の人々の人情の機微が鮮やかに描かれ、圧倒的な人気を博した。
近松作品のドラマ性や文学性の高さが、人形浄瑠璃を一気に大衆娯楽のスターダムにのし上げた。全盛期には、延享3年（1746）からの3年間で『菅原伝授手習鑑』『義経千本桜』『仮名手本忠臣蔵』が続けて初演される。これらは三大名作と称され、現在でも上演回数が多い。
文楽は約300年を経ても変わらない普遍的な人間の心情を描き出し、現代に至るまで時代に関わらず深い感動を呼び起こし続けている。

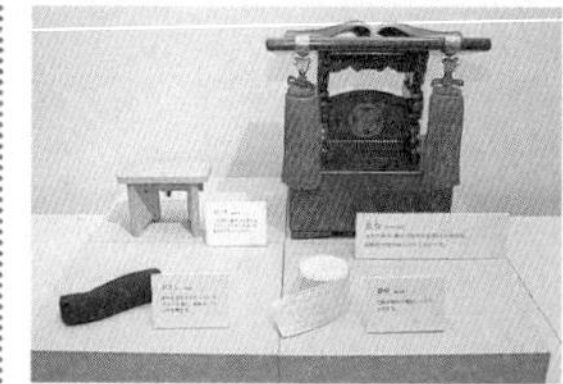

国立文楽劇場には入場無料の資料展示室があり、太夫の見台や人形の構造などを展示

華やかな衣裳が目も楽しませる文楽。人形の独特の動きも新鮮だ

曽根崎・露天神社（→P108）境内には「曾根崎心中」のお初・徳兵衛の慰霊碑とブロンズ像がある

天神橋筋商店街にある天神祭の「御迎え人形」は、文楽人形の細工師が手がけた

現代の大阪に息づく

大阪が誇る伝統芸能・文楽を継承するべく、昭和59年、日本橋に国立文楽劇場がオープン。年5回の定期公演には、海外から訪れる観客も多い。文楽の伝統は意外に大阪の日常に根付いている。たとえば、今や大阪の顔でもある「くいだおれ太郎さん」人形（→P65）は、文楽人形師・二代目由良亀が製作。また、梅田のお初天神通では、アーケードの装飾に文楽人形の意匠が用いられている。上方落語では、素人が下手の横好きで浄瑠璃を語る噺（「寝床」「軒づけ」など）も多い。文楽は「高尚なゲイジュツ」でなく民衆に愛された娯楽であり、だからこそ今の世に残ってきたことを実感させてくれるだろう。

国立文楽劇場。黒川紀章氏によるモダンな建築

DATA
国立文楽劇場
☎06-6212-2531 住大阪市中央区日本橋1-12-10 ¥公演により異なる Pなし 交地下鉄各線・近鉄日本橋駅から徒歩すぐ MAP付録P16F2
※例年1・4・6・7〜8・11月に文楽公演開催
国立劇場チケットセンター
☎0570-07-9900／03-3230-3000
予約サイト https://ticket.ntj.jac.go.jp/

愉快で歴史ある上方落語

落語のルーツは辻噺

発祥は江戸時代、町角で噺家が自作の演目をしゃべる「辻咄」（つじばなし）がルーツともいう。文楽や浄瑠璃が人情の機微や情感を表現する人情噺（はなし）を受け持ったため、大阪ではいわゆるオチで話をまとめる落とし噺が主流。
明治から戦前にかけては大衆芸能のトップランナーとして、二代目桂文枝、初代桂春團治ら多くの落語家を輩出する。また、演芸場や定席と呼ぶ落語専門劇場が各地に作られ、人気を博した。

江戸との交流で広がる

江戸の落語との違いは、まず言葉が大阪弁や京都弁であること。また、演者の前に「見台」という小さな机と「膝隠し」というついたてを置き、「小拍子」という小さな拍子木で見台を叩いて調子をつけるのは上方特有だ。
落語の演目は上方で生まれたものが多く、「らくだ」、「子ほめ」、「饅頭こわい」など、のちに江戸で演じられるようになったものも多い。大阪で落語を見るなら定席の「天満天神繁昌亭」がおすすめ。毎日たくさんの落語に出会える。

天満天神繁昌亭。当日券もあるがなるべく予約を

DATA
天満天神繁昌亭（☞P106参照）

漫才 上方漫才がブームに

漫才のルーツは萬歳

漫才のルーツは平安時代、新年を祝う歌舞「萬歳（まんざい）」にあるといわれる。2人ひと組で家々をまわり、口上や歌舞、掛け合い問答や謎かけなどを行っていた。明治時代に入ると、寄席で落語の合間の色物として、三味線などを多用する賑やかな「万才」が行われるようになった。
現在の「漫才」の文字が使われるようになったのは昭和初期。吉本興業の名コンビ、エンタツ・アチャコ「しゃべくり漫才」から、言葉の掛け合いや動作で笑いを取る、現在のスタイルが定着していった。

テレビの普及で大人気に

最初のブームは昭和30年代、テレビの普及とともに漫才に火が付く。ここで不世出の天才、横山やすし・西川きよしが登場し、全国に衝撃を与える。続く昭和55年（1980）の漫才ブームでザ・ぼんち、B&Bなど上方芸人が続出、大阪発祥の上方漫才が全国に浸透することになった。その後、2001年から始まった「M-1グランプリ」がきっかけとなり、新たな漫才ブームが到来した。現在、大阪市内では2つの吉本劇場で若手からベテランまで、さまざまなスタイルの漫才を楽しめる。

漫才や落語をはじめさまざまな演芸も見られるなんばグランド花月

DATA
なんばグランド花月（☞P68参照）

これしよう！

ショッピングビルでお買い物&グルメ

JR大阪駅直結の大型複合商業施設・グランフロント大阪はマストGO！(☞P99)

これしよう！

梅田の真ん中で楽しむ空中散歩

梅田の空に映える真っ赤なHEP FIVE 観覧車。夜景もキレイです。(☞P97)

これしよう！

駅ビル・駅ナカが大充実！

JR大阪駅の駅ビルの中にも、百貨店など商業施設が大集結（☞P98）

大阪駅・梅田はココにあります！

大阪の玄関口、一大ショッピング & グルメゾーン

キタ(大阪駅・梅田周辺)

きた(おおさかえき・うめだしゅうへん)

こんなところ

JR大阪駅、地下鉄・私鉄各線の梅田駅を中心に広がる、大阪随一のターミナルエリア。駅周辺は高層ビルが並ぶ大都会で、百貨店やショッピングビル、ホテルなど商業施設も充実する。大阪駅北側には大型複合商業施設「グランフロント大阪」も直結。近隣には天神橋筋や中崎町など味のあるエリアも。

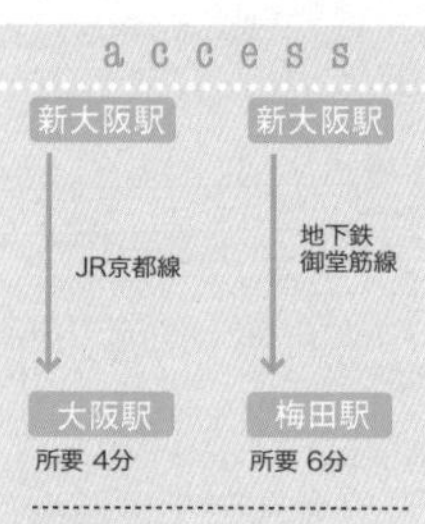

access

新大阪駅 → JR京都線 → 大阪駅 所要 4分

新大阪駅 → 地下鉄御堂筋線 → 梅田駅 所要 6分

広域MAP 付録P8～11

～大阪駅周辺おさんぽマップ～

観光のヒント
地下街を通って移動しましょう

梅田エリアはほぼ全域に地下街が発達、各駅やビルの地下階をつないでいる。案内表示も親切なので、地下移動の方が案外ラク。

十三へ
阪急電鉄京都・神戸・宝塚線
ホテル阪急インターナショナル
新大阪へ
JR東海道本線（京都線）
梅田ロフト
176
423
地下鉄御堂筋線
梅田スカイビルへ
茶屋町
天満へ
JR大阪環状線
中崎町駅
地下鉄谷町線
阪急大阪梅田駅
ABC-MART梅田ビル
大阪新阪急ホテル
EST
2 グランフロント大阪（☞P99）
LINKS UMEDA
南館
ヨドバシカメラ
うめきた公園（2024年秋先行まちびらき予定）
うめきた広場
うめきたSHIP HALL
3 HEP FIVE 観覧車（☞P105）
HEP FIVE
HEP NAVIO
ドン・キホーテ
START & GOAL
LUCUA
梅田駅
1 LUCUA osaka（☞P100）
LUCUA 1100
大阪駅
4 ホワイティうめだ（地下街）（☞P102）
阪急うめだ本店
大阪富国生命ビル
大丸梅田店
円頓寺
ホテルグランヴィア大阪
曽根崎署
大阪梅田駅
阪神梅田本店（☞P97・128）5
阪神梅田本店
東梅田駅
新御堂筋
JPタワー・KITTE大阪（2024年7月開業予定）
ヒルトンプラザイースト
E~ma
ヒルトン大阪
ヒルトンプラザウエスト
地下鉄四つ橋線
西梅田駅
大阪第一ホテル
御堂筋
ハービスPLAZA ENT
大阪駅前第4ビル
露天神社（お初天神）
福島へ
阪神本線
ハービスPLAZA
ブリーゼブリーゼ
大阪駅前第2ビル
大阪駅前第1ビル
大阪駅前第3ビル
南森町・大阪天満宮へ
ザ・リッツ・カールトン大阪
北新地駅
JR東西線
地下鉄谷町線
肥後橋へ
淀屋橋へ
0 100m

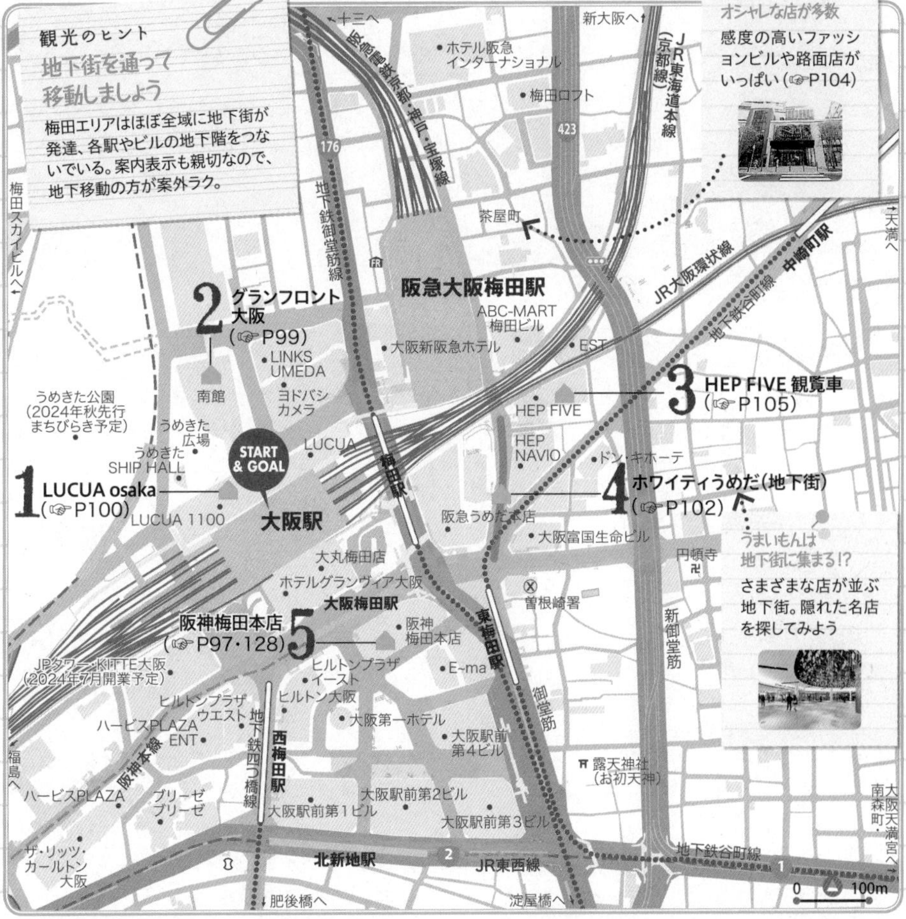

茶屋町エリアにはオシャレな店が多数

感度の高いファッションビルや路面店がいっぱい（☞P104）

うまいもんは地下街に集まる!?

さまざまな店が並ぶ地下街。隠れた名店を探してみよう

キタ

ぐるっと廻って
4時間

JR大阪駅の駅ビル・駅ナカをまずざっと見て回り、ショッピングビルで買い物やランチを。梅田のランドマーク・観覧車で観光した後は、地下街やフードホールで名物グルメを堪能。

スタート 大阪駅
▶ 徒歩すぐ
1 見学 LUCUA osaka
▶ 徒歩すぐ
2 見学 グランフロント大阪
▶ 徒歩10分
3 見学 HEP FIVE 観覧車
▶ 徒歩すぐ
4 食べる ホワイティうめだ
▶ 徒歩すぐ
5 買い物 阪神梅田本店
▶ 徒歩5分
ゴール 大阪駅

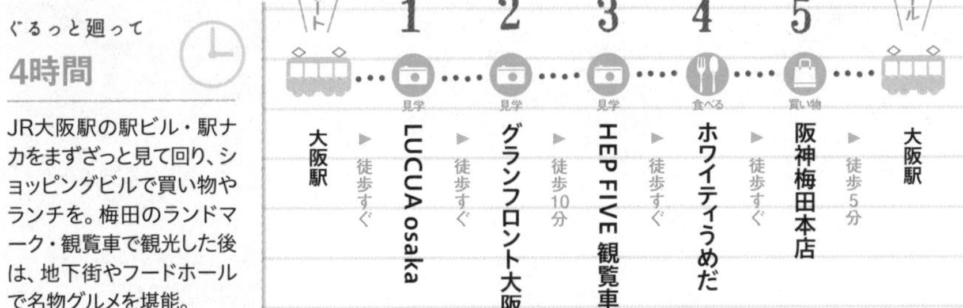

ますます進化中の大阪駅&梅田周辺をおさらい

2024年、大阪駅・梅田周辺に都市公園や新駅ビルが誕生！
あっちもこっちも進化し続ける大阪駅周辺、最新の姿をお届けします。

JR大阪駅 大阪ステーションシティ

P98

駅ビルに「LUCUA osaka」「大丸梅田店」、「エキマルシェ大阪」などが入り、駅まるごと大きなショッピング&グルメスポットに。現在、駅西側地区を開発計画中、2024年秋には新駅ビル「イノゲート大阪」も開業予定！

3～5階には飲食ゾーンが入るイノゲート大阪▶

▲芝生広場が広がる、うめきた公園サウスパーク(イメージ)
画像提供：グラングリーン大阪開発事業者

グラングリーン大阪

グランフロント大阪の西側「うめきた2期」エリアに2024年秋、広大な都市公園を含む新たな街が誕生予定。商業施設やホテルなどもあわせて登場、高層ビル群と豊かな緑が共存する新しい都市風景が大阪駅前に！

うめだすかいびる くうちゅうていえんてんぼうだい
梅田スカイビル 空中庭園展望台

40階建ての2棟のタワーを高層階で連結した建築は、駅周辺のビル群の中でも際立ってユニーク。展望台は屋上開放型で、360度のパノラマビューを楽しめる。館内には美術館や、地下飲食フロアもあり。☎06-6440-3855 住大阪市北区大淀中1-1 P460台（1時間500円）交JR大阪駅から徒歩7分 MAP付録P11A2 ※空中庭園展望台は ¥入館1500円 ◷9時30分～22時30分（22時最終入場、特別営業日あり）休無休

独特の建築と最高の眺望が国内外で話題！

▲40階と屋上は回廊型の展望フロア。大阪市街から六甲、生駒の山並みまで望む

西梅田

ハイブランドや高級レストランが入るショッピングビルや、ラグジュアリーホテルなどが立ち並ぶ。

はんしんうめだほんてん
阪神梅田本店

阪神大阪梅田駅の上に立つ百貨店。2022年に地下1階の阪神食品館がリニューアルし、全館がグランドオープン。阪神大食堂フードホールや阪神バル横丁グルメゾーン（地下2階）など、飲食ゾーンが大充実。DATA☞P128

"食の阪神"がますますパワーアップ！

ココに注目！

阪神大食堂フードホール 9階

「大阪の食」を牽引する超実力店が8店集まり、従来のフードコートのイメージをくつがえす。サービス係が付く個室も用意（有料）。

阪急大阪梅田駅周辺・茶屋町

P104

ショッピングビル「NU chayamachi」をはじめ、路面やショッピングビル内にオシャレなショップやカフェが集まる茶屋町。阪急大阪梅田駅の駅ビル地下街や高架下にもグルメ街などが充実。

東梅田

阪急東通は、大バコの居酒屋やカラオケ店などが並ぶアーケード商店街。おしゃれな飲食店が集まるお初天神裏参道も人気。

大阪駅前第1～4ビル

P102

大阪駅南側に逆L字型に並ぶ4棟のビル。地下階には安旨グルメの名店がズラリ！ 通路が入り組んでいるので迷わないように注意。

［百貨店が3つあります］

P128

阪急うめだ本店、阪神梅田本店、大丸梅田店の3大百貨店に囲まれるJR大阪駅。おみやげ売場、グルメフロアも各店各様の展開で、互いに近接しているので買い回りに便利。

大丸梅田店は大阪駅南側の駅ビルに入る、老舗の百貨店▶

［地下街を活用！］

P102

周辺の百貨店などの地下階と連絡しながら、梅田エリア全域に広がる地下街は、いわば「もうひとつの梅田」。お買い物もグルメも充実し、また通路としても、地上を歩くよりスムーズに行き来できる場所も。

◀ホワイティうめだにある人気のバル街・NOMOKA（ノモカ）

阪神電鉄京都線
阪急宝塚線
神戸線
茶屋町あるこ P105
阪急大阪梅田駅
茶屋町 P104
EST
HEP FIVE
HEP NAVIO
梅田駅
阪急うめだ本店 P129
阪急東通
阪神大阪梅田駅
阪神梅田本店 P97・128
東梅田駅
お初天神通
お初天神通裏参道
E～ma
大阪駅前第4ビル
大阪駅前第2ビル
大阪駅前第3ビル
北新地駅

キタ ● 大阪駅＆梅田周辺

JR大阪駅のある「梅田」、昔は人の住まない湿地帯でした。近世に埋め立てたことで「埋田」、転じて「梅田」となったという説も。

超便利！大阪ステーションシティ&グランフロント大阪

大阪の玄関口・JR大阪駅の中核となる大阪ステーションシティ。
そして、北側に直結するグランフロント大阪をご紹介します。

大阪ステーションシティ

JR大阪駅の南北2つの駅ビルと駅ナカ・高架下の総称。
百貨店やショッピングビル、ホテルなどあらゆる商業施設が集結しています。

A LUCUA osaka
るくあ おおさか

DATA☞P100参照

B エキマルシェ大阪
えきまるしぇおおさか

大阪駅ホーム西側の高架下に位置。スイーツやデリの販売、レストランのほか、ファッションや雑貨も揃う。旅行中に使える着替えやコスメから、弁当や家族へのおみやげまでさくっと調達できて便利！
☎06-4799-3828(受付10～23時) 🕒6時30分～23時30分(店舗により異なる) 休不定休 MAP付録P11B3

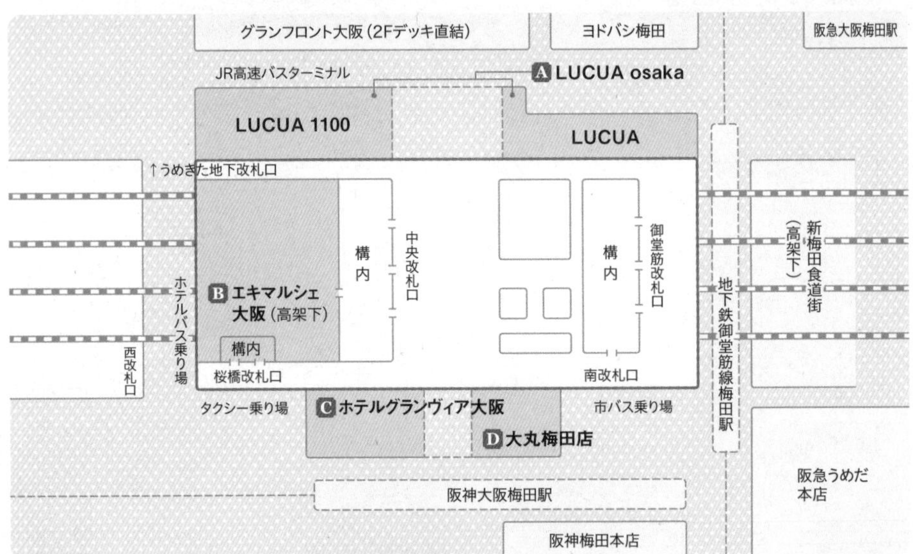

C ホテルグランヴィア大阪
ほてるぐらんゔぃあおおさか

大丸梅田店と同じ南側駅ビル内、どこへ行くにもアクセス抜群のシティホテル。最上階（27階）の特別フロアをはじめ、多彩な客室や宿泊プランが魅力。 DATA☞P134参照

D 大丸梅田店
だいまるうめだみせ

大阪駅の南側駅ビルに入る老舗百貨店。地下1階の食料品売場には大阪みやげが大充実。10～12階にハンズ、13階にポケモンセンターオーサカなど大型テナントも。 DATA☞P129参照

グランフロント大阪

JR大阪駅から直結する大型複合商業施設。
話題のショップ＆レストラン、遊べる体験型ショールーム、ラグジュアリーホテルまで揃います。

☎06-6372-6300（代）🕒休店舗により異なる P約330台（有料）MAP付録P11B2

ナレッジキャピタル
（北館地下2階〜8階）

未来を体験できる知的創造・交流の場。さまざまな先端技術を体験できる「ザ・ラボ」、企業や大学の参加型ショールームなど、子どもから大人まで楽しみながら学べる施設がたくさんある。
🕒8〜23時（店舗により異なる）
休不定休

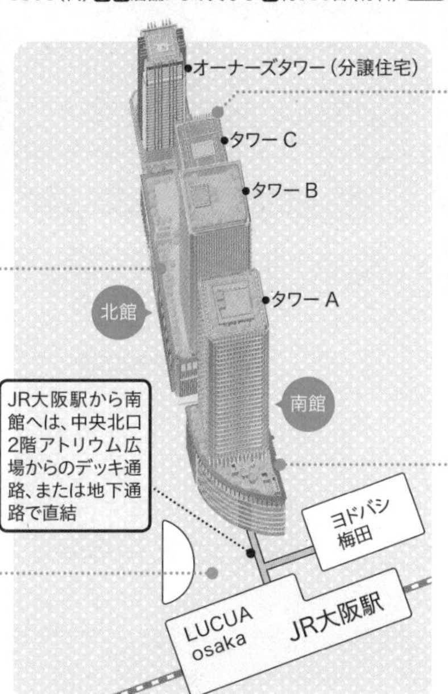

うめきた広場

グランフロント大阪の玄関口。広場ではライブやマルシェ、冬期はスケートリンクなども開催。

インターコンチネンタルホテル大阪
（北館タワーC）

DATA☞P132参照

グランフロント大阪ショップ＆レストラン
（うめきた広場、南館地下1階〜9階、北館地下1階〜6・9階）

南館・北館に、飲食・物販など約260店舗が集結。特に、個性的なレストランフロアは地元大阪人・旅行客問わず人気。関西初登場の店なども多数。🕒物販11〜21時、飲食11〜23時（店舗・フロアにより異なる）休不定休

このフロアでグルメ三昧！

◆うめきたセラー（南館・うめきた広場地下1階）

大阪駅・地下鉄梅田駅から地下直結。カフェやショップ、テイクアウトグルメが充実！

ほりうちかじつえん
堀内果実園

奈良・吉野の果物農園による直営店。旬の果物を使ったパフェ（写真は冬〜春に販売）のほか、春〜秋はかき氷も人気。
☎06-6467-8553

ちゅんすいたん
春水堂

台湾発、タピオカミルクティー発祥の店。約50種のお茶のほか、ヘルシーな台湾フードも楽しめる。
☎06-6131-8520🕒10〜21時

◆UMEKITA FLOOR（北館6階）

バーや居酒屋が並び、ハシゴして楽しめる飲食フロア。各店の料理を持ち寄って食べられる共用スペースも。

みゅぜ うめきた わいんばー あんど ぐりる
muse umekita winebar ＆ grill

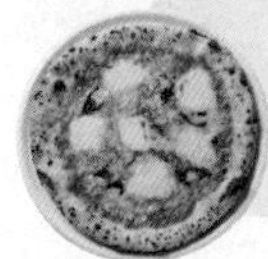

石窯で焼き上げるナポリ風ピッツァをはじめ、新鮮な素材を使ったグリル、創作パスタなどを、ワインと合わせて味わえる。
☎06-6485-7175

ちゅうかさわきち
中華サワキチ

創作中華料理店で、山椒油が利いた麻婆豆腐1200円が看板メニュー。ネオンが輝く高級感のある空間。 ☎06-7501-0210

おこのみやき せいじゅうろう
お好み焼 清十郎

大阪の老舗の味を継ぐ、お好み焼店。受け継がれてきただしと厳選素材を使った、まさに本場の味。
☎06-6485-7899

のーす とらんく
NORTH tRunk

本格炭火焼からフレンチベースのひと皿、オリジナルデザートまでオールデイユースなカフェレストラン。フロアで唯一のオープンテラス席も。
☎06-6359-3350

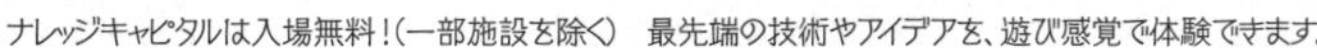
ナレッジキャピタルは入場無料！（一部施設を除く） 最先端の技術やアイデアを、遊び感覚で体験できます。

JR大阪駅ビルでショッピング LUCUA osaka活用法

JR大阪駅北側の駅ビルは、キタ最大級のショッピング＆グルメスポット。
ハイセンスな大阪みやげやオシャレなカフェ、話題のグルメ店など充実です。

LUCUA osakaってこんなところ

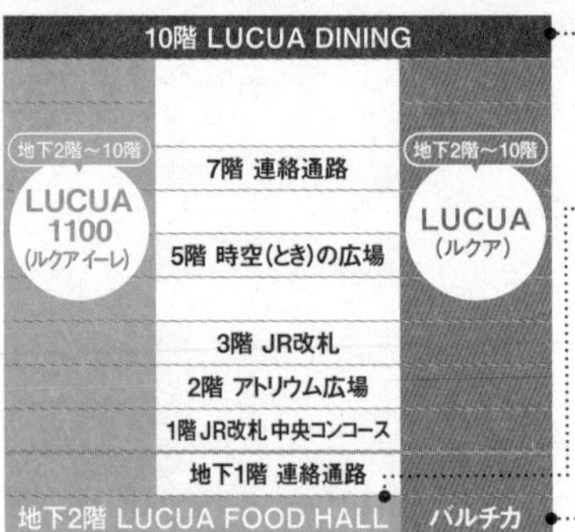

るくあ おおさか
LUCUA osaka

JR大阪駅北側に建つ2棟のショッピングビル。地下2階～地上10階に、ファッションや雑貨、グルメなど約500店舗が集結する。 ☎06-6151-1111 住物販10時30分～20時30分、飲食は11～23時（一部店舗により異なる）休不定休 P大阪ステーションシティ駐車場約600台（有料）MAP付録P11B3～C3

10階 LUCUA DINING
お好み焼や串カツからオシャレなフレンチ、カフェまで、幅広い37店舗が集う

地下2階 LUCUA FOOD HALL
マルシェとレストランが融合。市場で買ったものを持ち寄ってイートインできる

地下2階 バルチカ
夜中24時までオープン、個性豊かな飲食店27店舗が集結してハシゴ必至

高感度なスイーツは、LUCUA 1100の2階にあります

2023年秋、LUCUA osakaの西棟・LUCUA 1100の2階「トキメキマルシェ」内にスイーツゾーンが登場。おみやげにもぴったりなお菓子

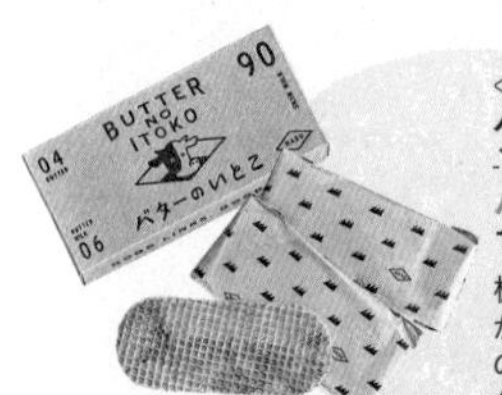

ぐっどにゅーす おおさか
グッドニュース オオサカ

バターのいとこ（ミルク）
1箱3枚入り972円
栃木県那須発の「バターのいとこ」が大阪に登場！バター感たっぷりのしっとりとしたゴーフレットにミルク感たっぷりのジャムをサンド。

りんごとばたー いちごのわるつ
りんごとバター。苺のワルツ

フィナンシェ2個入り 378円
国産りんごの優しい香りと、バターの風味が豊かな定番のフィナンシェ。りんごの形のフォルムもかわいくて、おみやげにもぴったり。

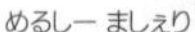

めるしー ましぇり
メルシー マシェリ

メルシー マドレーヌ 1個324円
堂島ロールで有名な「モンシェール」の新業態で販売されるマドレーヌ。フレーバーのチョコがコーティングされていてカラフル。

ぽん ぽん じゃ ぽん
pon pon Ja pon

pon pon coco 各540円
大阪名物・おこしの老舗が作る、ひと口サイズの新感覚おこし。いちごミルクやほろにが抹茶など12のフレーバーがクセになる

話題の「Trufflemini（とりゅふみに）」もチェック！

トリュフが入ったロールパンで有名なトリュフ ベーカリーを、もっと日常的に楽しめる業態・Truffleminiが大阪初出店。白トリュフの塩パン258円のほか約30種を販売。

LUCUA osakaでおいしいもの三昧♪

個性的な飲食フロアで、朝から夜までいろんなスタイルで食事やスイーツを楽しめるんです。

ステキ&ココだけ！のカフェがいっぱい

大阪の人気店や、西日本初登場の店など、選りすぐりのカフェでプレミアムなひと時を。

LUCUA 1100 4F

ぱすふぁいんだー たいむのすのぶ

PATHFINDER XNOBU

ラテアートの世界チャンピオン・下山修正さんが監修したカフェで、レインボーラテが人気。中崎町の名店「パティスリー ラヴィルリエ」のスイーツと一緒に。

レインボーラテ650円▶

▲バスクチーズケーキ650円

※フルーツは季節により異なる

LUCUA 1100 7F

びるず おおさか

bills 大阪

シドニー発のオールデイダイニング。最新の食トレンドを取り入れた多国籍な料理が揃う。大阪限定のbills High Tea Setも人気。

▶bills High Tea Set（2人前）7400円

LUCUA 1100 4F

ぱふぇあんどじぇらーと らるご

パフェ&ジェラート LARGO

看板メニューは華やかなシブーストとピスタチオムースのパフェ。テーブルは色とりどりのアーティフィシャルフラワーで埋めつくされ、さらに映える！

▶苺とピスタチオムースのフレジェ風1850円

LUCUA FOOD HALL（るくあ ふーど ほーる）でお好みスタイルの食事を

買い物やカフェ、ダイニングと、食事の楽しみをフリースタイルで満喫できる都市型マルシェへ。

食品・ワールドダイニング

きっちんあんどまーけっと

キッチン&マーケット

食材販売の市場と、その食材を使ったダイニングが融合。買ったものを、100席以上あるイートインエリアで食べることもできる。

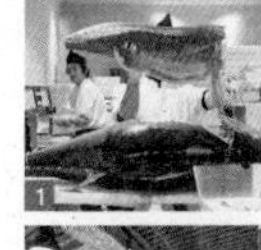

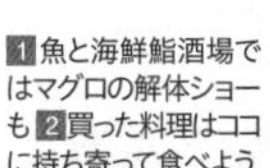

1 魚と海鮮鮨酒場ではマグロの解体ショーも 2 買った料理はココに持ち寄って食べよう

牛肉

びふてきじゅう・にくめし ろまんてい

ビフテキ重・肉飯 ロマン亭

1980年創業の老舗肉卸問屋直営。プロの目で厳選した牛肉ステーキをご飯にのせ、特製タレで味わうビフテキ重が名物。

▶ビフテキと肉飯を相盛りにしたロマン亭錦重1280円

スパイス料理

ほくせつすぱいすけんきゅうじょ

北摂スパイス研究所

大阪・箕面にあるスパイス料理店がLUCUAに出店。自由な発想のスパイス料理を研究・開発して提供する。まずは人気メニューの盛り合わせがおすすめ。

▶スパ研のせいろ盛り贅沢7種1200円、箕面ビール300円

「バルチカ」で夜中までハシゴ酒！

夜中23時までオープンのバルフロアには、和洋のお酒とアテが勢揃い。お昼のランチも活用して。

フレンチ

そーすりょうりとわいんがたのしめるおみせ「こうはく」

ソース料理とワインが楽しめるお店「赤白」

ポルチーニ茸のソースで味わう大根など、フレンチの技法を使った上質素材の洋風おでんを居酒屋価格で。ワイン・シャンパンも充実。

▶フレンチおでん1品242円～

ラーメン

じんるいみなめんるい ぷれみあむ

人類みな麺類 Premium

西中島の人気ラーメン店・人類みな麺類と、関西イタリアンの名店・ポンテベッキオがコラボ。それぞれのこだわりが詰まったラーメンが1度に2種味わえる。

▶インコントロ～人類とラーメンの遭遇～1580円

エビ料理

えびたりあんばる

海老talianバル

15種以上のエビを多彩な調理・スパイスで提供する個性派店。オマール海老を使用した、トマトクリーム2739円のほか、エビを堪能できるメニューが揃う。

▶姿焼きやピザなど、エビ好きにはたまらないメニュー

10階のLUCUA DININGでは全国の話題店や大阪の名店など、多彩なグルメが楽しめます。

梅田地下街で注目のグルメゾーンに潜入！

網の目のように広がる梅田地下街は、大阪グルメの宝庫。中でも注目のゾーンを、ピンポイント攻略！

老舗から話題店まで大集合！ホワイティうめだ

梅田の東側に広がる創業約60年の地下街。老舗から話題店まで約175店が集まる。16店が並ぶバル街・NOMOKAへもぜひ。

☎06-6312-5511（ホワイティうめだ）住大阪市北区角田街 大阪地下街 営飲食10～22時、物販10～21時、NOMOKA11～23時（店舗により異なる）休奇数月第3木曜（祝日は変更する場合あり）Pなし 交地下鉄御堂筋線梅田駅・谷町線東梅田駅から徒歩すぐ MAP付録P10D2～E3

▲泉の広場はリニューアルで水を使わないLED演出に

おおさかとんてき

大阪トンテキ

肉厚のポークステーキが人気の行列店

大阪で5店舗を展開する、ボリューミーなトンテキが人気の店。うま味たっぷりの軟らかいポークステーキと、絶妙な濃さの甘辛いタレは相性抜群だ。☎なし MAP付録P10D3

◀シンプルな店内。満席も多いが回転は早め

▼トンテキ定食200g990円。分厚い豚肩ロースにタレがたっぷり

▲中吉盛り（13品）2400円。魚介や野菜の天ぷらが盛り盛り！

NOMOKA

てんぷらだいきち

天ぷら大吉

市場発の盛り盛り天ぷら

大阪・堺魚市場で深夜～早朝のみ営業する名店の味を、昼から駅近で堪能できる。メニューは40種以上、ガッチョ（メゴチ）など泉州名物はぜひ。☎06-6131-0723

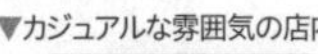
▲オープンな店構え

▲白いのれんが目印

▲トロサーモン巻968円。あふれ出す具材がたまらない人気メニュー

すしさかば さしす

すし酒場 さしす

「映える寿司」で昼飲み急増中！

行列のできる寿司酒場で、梅田・なんばで4店舗を展開。職人が目の前で握ってくれる本格的な寿司が、エビやゲソなら2貫165円など、手ごろな価格で味わえる。☎なし MAP付録P10D3

NOMOKA

なにわはいぼーる

浪花ハイボール

コスパ◎！大阪のソウルフード

大阪のB級グルメを抜群のコストパフォーマンスで提供する居酒屋。串カツや鉄板焼、たこ焼を一度に味わおう！手ごろな価格の一品もスタンバイ。

☎06-6366-2224

▼カジュアルな雰囲気の店内

▶串カツおまかせ10本盛1500円、たこ焼8個500円、ホルモンの味噌炒め650円

B 阪急三番街・UMEDA FOOD HALLで持ち寄り食事&カフェ

がっつりメシからスイーツまで、好みのお店から共用スペースに持ち寄って食べられる、流行りのフードホールスタイルが人気！

☎06-6371-3303（阪急三番街）住大阪市北区芝田1-1-3 阪急三番街北館地下2階 ⏰10～23時（店舗により異なる）休無休 Pなし 交阪急大阪梅田駅直結 MAP付録P11C2

▲雰囲気の異なる5つのゾーンに全35店舗が並ぶ。共用スペースは約1000席

よーきーず くれーぷりー
YORKYS Creperie

人気カフェのスイーツ専門店

阪神間・夙川で人気のパンケーキカフェが手がけるクレープは、モチモチ生地がたまらない！ 生ドーナツの店「ピースオブベイク」も併設。☎06-6292-5622

あまおう（12～3月限定）880円▶

いたりあん だいにんぐ ぺすか
Italian Dining PESCA

パイ生地ピザとワインで乾杯

サクサクの自家製パイ生地で作る新感覚ピザ「パイッツァ」が名物。ほかにも新鮮素材を使った豊富なメニューはワインにぴったり。☎06-6450-8151

▲ベーコンととろとろ半熟玉子のパイッツァ1280円

てんどん・てんくし・くしかつ いしのや
天丼・天串・串カツ いしのや

豪快な天丼が人気

サクッと軽い食感の天丼が看板メニュー。ランチには丼からはみ出す豪快な天丼、夜は天串や串カツをアテに一杯やるのも楽しい。☎06-6136-3797

▲海老と親子天丼1320円

第2ビルB2
さぬきうどん しこくや
さぬきうどん 四国屋

注文は食券制。店内はカウンターのみ▶

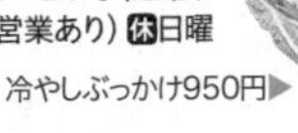

麺激戦区の「大阪さぬき」

昭和51年創業、大阪の地で進化したオリジナル麺は、モチモチのコシが独特。人気No.1はカレーうどん1100円！
☎06-6346-0107 ⏰月～金曜11時～15時30分、18～20時（土曜、祝日は昼営業あり）休日曜

冷やしぶっかけ950円▶

C 大阪駅前第1～4ビルの地下2フロアでお値打ちシメを！

大阪駅南側に4棟連なるビルの地下1・2階、昭和感満載の味のある地下街。サラリーマン御用達の、お財布にやさしいランチが大充実！

住大阪市北区梅田1 ⏰休店舗により異なるが、日曜、祝日休の店が多い Pあり（有料）交地下鉄谷町線東梅田駅から徒歩1～4分 MAP付録P11C4～P10D4

安ウマグルメの宝庫！

第3ビルB2
せいようりょうり ねすぱ
西洋料理 ネスパ

老舗洋食店の名物フライ

昭和3年（1928）創業の洋食店。名物のコロペットは、船上コックだった初代が保存のきくエバミルクを使って考案した名物。具材は牛・豚・鶏・海老から2種が選べる。☎06-6345-7089 ⏰11時～14時30分LO、夜は予約制 休不定休

◀店内は温かみがあり、落ち着く

▲盛り合せコロペット1350円（11～15時はライス・サラダ・スープ付）

第3ビルB2
たいしゅうさかば ふれんちまん
大衆酒場 フレンチマン

本格的なフレンチを手軽に

京都のフレンチビストロの姉妹店。高級食材を使ったひと皿がリーズナブルに味わえる。ウニとイクラがこぼれ落ちるほどのる冷製パスタ2728円もおすすめ。☎06-4797-7500 ⏰13時～22時30分（土・日曜、祝日は11時～）休不定休

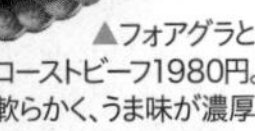
▲フォアグラとローストビーフ1980円。軟らかく、うま味が濃厚

▲オープンな店内はカウンターのみ21席

慣れれば地上よりずっと動きやすい梅田地下街ですが、深夜～朝はほぼ全て閉扉され通行できなくなるのでご注意を。

茶屋町周辺のショッピングビルでトレンドグルメを満喫♪

複合ビルと路面店がバランス良く並び、ファッション感度の高い若者が集まる茶屋町。トレンドグルメをお目当てに回遊してみて。

テラコッタをモチーフにしたナチュラルなNU chayamachi

ぬー ちゃやまち／ぬー ちゃやまちぷらす

NU chayamachi／NU chayamachiプラス

“好き”が見つかる高感度な店が集結

茶屋町エリアの玄関口に位置するランドマークビル。約80店舗が集結、洗練された大人のファッション、ライフスタイルを提案する。カフェやレストランも大充実、向かい合う2棟でショッピングやグルメを楽しめる。

☎06-6373-7371 住大阪市北区茶屋町10-12 ⏰物販11～21時、飲食11～23時（一部店舗により異なる）休不定休 Pなし 交阪急大阪梅田駅から徒歩すぐ MAP付録P10D1

▲店先では紅茶も多数販売
◀3種のスパイスカレーが相がけされたWOCCA ROCCA curry1320円

NU chayamachiプラス1階

ほてるしょこら

ホテルショコラ

上質なカカオを使ったカカオブランドで、店内にはさまざまなショコラがずらり。濃厚なカカオを使ったショコラドリンクなど、イートインメニューも充実。

☎06-6485-7799

▲ショップ内にイートインスペースを用意
◀右からショコラドリンク（R）、カカオドリンク（R）各650円

NU chayamachiプラス2階

うぉっか ろっか かれー あんど さぽーてっど ばい むれすな てぃー

WOCCA ROCCA curry and... supported by MLESNA TEA

京都・宇治のスパイスカレーの人気店と、スリランカ最高級の茶葉を扱うムレスナティーによるコラボ店。フレッシュなスパイスが魅力のカレーと多彩なフレーバーの紅茶を楽しもう。

☎06-6147-9885

じぇいえむえふびるうめだぜろいち（あーばんてらすちゃやまち）

JMFビル梅田01（アーバンテラス茶屋町）

デザイン性の高いおしゃれなビル

3棟連なる商業施設で、ファッションや飲食、サービスなど多彩な店舗が集まる。ランチやディナー、ショッピングをゆっくりと楽しめる空間となっている。

☎なし 住大阪市北区茶屋町15-22 ⏰休店舗により異なる Pなし 交阪急大阪梅田駅から徒歩3分 MAP付録P11C1

大阪都市景観建築賞の市長賞を受賞した建物

ぶるーぼとるこーひー うめだちゃやまちかふぇ

ブルーボトルコーヒー 梅田茶屋町カフェ

カリフォルニア発のコーヒーブランド。おすすめは店限定のティラミスで、高品質のコーヒーともよく合う。2階にはブランド初の体験型ラウンジを併設。

☎なし

▲音・映像・振動でリラックスできるラウンジ
◀ティラミス866円（イートインのみ）、ブレンド594円～

ちゃやまちあるこ
茶屋町あるこ

阪急線の高架下にある オシャレな飲食街

阪急茶屋町口の高架下、大通り沿いにオシャレなレストランやカフェが軒を連ねる飲食モール。東京や関西から選りすぐりの7店舗、イタリアン、串揚げ、カフェなど思い思いのスタイルで楽しめる。☎店舗により異なる 住大阪市北区芝田1-6-2 ⏰休店舗により異なる Pなし 交阪急大阪梅田駅から徒歩すぐ MAP付録P11C1

NU chayamachiの向かい側に飲食店が並ぶ

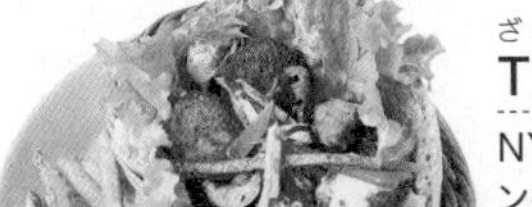

ざ してぃ べーかりー
THE CITY BAKERY

NY発のベーカリー&カフェ。毎朝焼きたてのパンを、コーヒーやお酒とともに楽しめる。THE CITY BAKERYの代名詞・プレッツェルクロワッサンや、この店限定の食パンにも要注目。

☎06-6374-2355 ⏰8時～19時30分LO 休無休

◀スパイス香る豆のコロッケ「ファラフェル」が入ったピタサンド1320円

▲パスタランチ1100円は、前菜と自家製フォカッチャ付き

とれーろ たけうち
TORERO TAKEUCHI

大阪・福島で人気の本格イタリアンが梅田に登場。シェフ自ら毎朝市場で食材を吟味、最適調理で提供する。希少な「なにわ黒牛」をはじめ、パスタやピッツァなど気軽なメニューも豊富。

☎06-6376-0777 ⏰11～14時LO、18時～22時30分LO(日曜は11～20時LO) 休不定休

くしあげきっちん だん
串揚げキッチン だん

北新地の人気店「串かつ 凡」の姉妹店。和牛の希少部位や天使の海老などの高級食材を生かした串を、1本ずつ揚げたてで提供する。薄づきの上品な衣に、独自のソースも味わいを盛り上げる。

☎06-6292-1194 ⏰11～14時LO、17～22時LO 休不定休

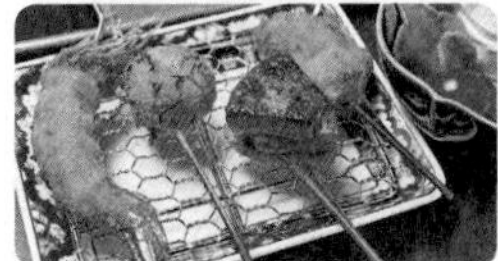

▲ランチ10本スペシャルコース1900円。串の食材は季節により入替え

へっぷ ふぁいぶ
HEP FIVE

フードフロアが大幅リニューアル!

トレンドファッションや雑貨、キャラクターショップが並ぶファッションビルで、特に若者に人気。2023年9月、7階にフードフロアが「TAMLO（たむろ）」としてリニューアルし、14店が集まる。 ☎06-6313-0501(総合インフォメーション) 住大阪市北区角田町5-1-5 ⏰物販11～21時、飲食～22時30分、アミューズメント～23時 ※一部店舗をのぞく 休不定休 Pなし 交阪急大阪梅田駅から徒歩3分 MAP付録P10D2

TAMLOには共有スペースが5つあり、観覧車を望む席も！

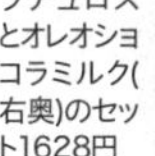

▶北海道アイス&ショコラチュロスとオレオショコラミルク(右奥)のセット1628円

7階

くく ちゅろす
coucou churros

TAMLO内にあるチュロス専門カフェ。揚げたてのチュロスはサクッ、フワッ、モチッの新食感。ショコラドリンクやソフトクリームにつけて味変も楽しもう。 ☎06-6366-6201 ⏰11～21時LO

かふぇあんどばー はっしゅ
cafe&bar Hush

7階

京都・山科で人気のベーグルカフェが移転オープン。季節で具材が変わる、ビジュアルも味もよいベーグルサンドはもちろん、真っ白なスクエアチーズケーキ858円もぜひ。

☎06-6366-6193 ⏰11時～17時30分LO、ディナー18時～22時30分(22時LO)

▶マッシュポテトベーコンベーグル935円、バニララテ660円

へっぷ ふぁいぶ かんらんしゃ
HEP FIVE 観覧車

晴れると明石海峡大橋や生駒山が見える▶

HEP FIVEの屋上に設置された観覧車は、梅田のランドマーク。1周は約15分、最高部地上約106mの高さから360度の大パノラマを楽しもう。夜の夜景もおすすめ。 ☎06-6366-3634 ¥1人600円(5歳以下無料) ⏰11時～22時45分最終搭乗 ※営業時間は変更になる場合あり

HEP FIVEのフードフロア「TAMLO」の共有スペースは、"クール"や"ラブリー"など異なるテイストの空間が5つあり、楽しめる。

日本一長い!?天神橋筋商店街を散策

大阪天満宮の参道から発展した、地元密着型商店街。
下町っ子に愛される味やおみやげを探しに、普段着で出かけよう。

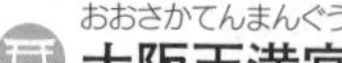

大阪天満宮（おおさかてんまんぐう）

夏の天神祭でおなじみ

天神橋筋の起こりとなった神社。学問の神様・菅原道真公を祀り、受験シーズンは多くの参拝者が訪れる。日本三大祭の一つ、天神祭が有名（P140参照）。

☎06-6353-0025 住大阪市北区天神橋2-1-8 時参拝6～18時、社務所9～17時 休無休 Pなし 交地下鉄各線南森町駅から徒歩3分 MAP付録P8F4

▲現在の本殿は天保14年(1843)に再建されたもの

▲合格守3000円（お守り・お札・絵馬）

◀通り抜け鉛筆500円（3本入り）

▼エレガントで気品あふれる店構え

▶ベリータルト670円

西洋茶館（せいようさかん）

お茶とケーキの本格英国喫茶

優雅な英国風の店内。ボリュームたっぷりの自家製ケーキを、多彩なフレーバーティとともに。午後からはアフタヌーンティー2350円も楽しめる。

☎06-6357-9780 住大阪市北区天神橋4-6-14 時12～20時 休不定休 Pなし 交地下鉄堺筋線扇町駅から徒歩すぐ MAP付録P8F3

南森町駅
中村屋→P35
大阪天満宮駅
天満天神MAIDO屋
天満天神繁昌亭
大阪天満宮

大阪市立住まいのミュージアム 大阪くらしの今昔館（おおさかしりつすまいのみゅーじあむ おおさかくらしのこんじゃくかん）

江戸～昭和の大阪にタイムトリップ！

大阪の住まい・歴史・文化をテーマにした博物館。みどころの「近世大坂」の展示では、実物大で再現した町家に生活道具や調度品を置き、一日の変化や季節感も演出する。

◀江戸後期のなにわ町家を実物大で再現

☎06-6242-1170 住大阪市北区天神橋6-4-20 住まい情報センタービル8階 時10～17時（最終入館16時30分） ¥入館600円 休火曜 交地下鉄各線天神橋筋六丁目駅から徒歩すぐ P40台（有料） MAP付録P8F1

天満天神繁昌亭（てんまてんじんはんじょうてい）

週替りで本格落語を

上方落語の専門小屋。昼席は若手からベテランまで登場する寄席形式、夜席は一門会や独演会など企画公演を日替りで開催する。

▲伝統的な数寄屋造りを模した建物

☎06-6352-4874 住大阪市北区天神橋2-1-34 時昼席は13時30分～16時10分、朝・夜席は公演により異なる ¥昼席は前売2500円、当日2800円 休不定休 Pなし 交地下鉄各線南森町駅から徒歩3分 MAP付録P8F4

▲スジが旨い！
おでん110円～

安ウマ居酒屋の聖地・天満

JR天満駅周辺は、若い店主の安ウマ店が集まる、元気な街。特に天満市場の周りには、洋風バールから中華、アジアンまで多国籍グルメが密集しており、深夜まで地元民でにぎわう飲み屋街です。

◀まずは定番、
牛カツ3本385円

◀唐揚げ好きが
絶賛するチューリップ165円

くしかつや しちふくじん
串カツ屋 七福神

連日行列の串カツ居酒屋

サクッと軽い串カツは、味噌だれで味わうコンニャクカツなど独自メニューにも注目。生ビール1杯目は驚きの110円！おでんやどて焼も人気。

☎06-6358-3311 住大阪市北区天神橋5-7-29 ⏰12時～22時30分(土・日曜、祝日は11時～) 休月曜（祝日の場合は翌日）Pなし 交JR天満駅から徒歩3分 MAP付録P8F2

地下鉄谷町線
天神橋筋六丁目駅
大阪市立住まいのミュージアム
大阪くらしの今昔館
天神橋筋六丁目駅
地下鉄堺筋線
天神橋筋商店街
JR大阪環状線
串カツ屋 七福神
春駒 本店
扇町駅
天満駅
西洋茶館
扇町通

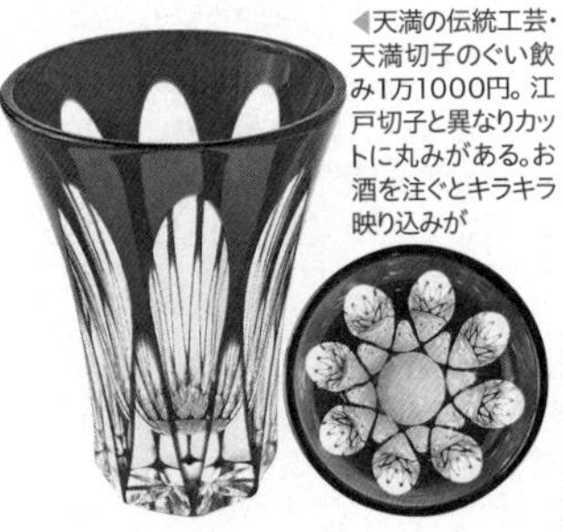
◀天満の伝統工芸・天満切子のぐい飲み1万1000円。江戸切子と異なりカットに丸みがある。お酒を注ぐとキラキラ映り込みが

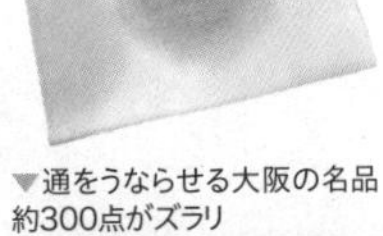
▼独特のにじみ・ぼかしが味わい深い、「にじゆら」の注染手ぬぐい1760円～

▼通をうならせる大阪の名品約300点がズラリ

てんまてんじんまいどや
天満天神MAIDO屋

大阪の「ええもん」をおみやげに

地元メーカーのお菓子や調味料、工芸品など、大阪生まれの名品を独自の目線でセレクト。柏原ワイン、八尾の歯ブラシなど、知る人ぞ知る地域名産も。

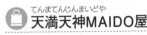

☎06-6882-3361 住大阪市北区天神橋2-1-23 ⏰11時～18時30分 休無休 Pなし 交地下鉄各線南森町駅から徒歩3分 MAP付録P8F4

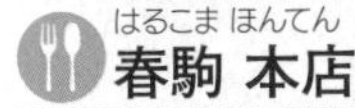
▲ネタが豊富。塩で味わうキンメダイ炙り495円など

▲行列の絶えない人気店

はるこま ほんてん
春駒 本店

行列も名物の江戸前寿司

大阪中央卸市場から仕入れ、吟味された新鮮なネタを食べられる。にぎりでマグロやタコが220円、アワビ、サザエでも2貫550円と手ごろでいつも客足が絶えない。

☎06-6351-4319 住大阪市北区天神橋5-5-2 ⏰11時～21時30分(売切れ次第終了) 休火曜(月1回連休あり) Pなし 交JR天満駅から徒歩5分 MAP付録P8F2

1～6丁目、全長約2.6km。丁目によってアーケードの意匠も異なるので、分かれ目を探してみましょう。

ココにも行きたい

キタのおすすめスポット

つゆのてんじんしゃ（おはつてんじん）
露天神社（お初天神）

有名浄瑠璃の舞台になった神社

1200年の歴史をもつ古社。菅原道真公などが祭られており、学業や恋愛祈願の参拝者が多い。浄瑠璃「曾根崎心中」はこの神社で起こった心中事件が題材。

DATA ☎06-6311-0895 住大阪市北区曽根崎2-5-4 ¥境内自由 ◷6時30分～23時30分（お守り・お札授与所は9～18時）休無休 Pなし 交地下鉄谷町線東梅田駅から徒歩2分 MAP付録P10D4

はーびすぷらざ/ぷらざ えんと
ハービスPLAZA/PLAZA ENT

多彩で上質な時間を過ごせる

大人のオシャレ心を満たす、個性豊かなハイブランドが揃うショッピングビル。劇団四季の「大阪四季劇場」や、ライブハウス「ビルボードライブ大阪」も入り、キタの文化発信基地にも。空港・高速バス乗り場も隣接。

DATA ☎06-6343-7500 住大阪市北区梅田2-2-22 ◷11～20時（店舗・施設により異なる）休不定休 P725台（有料）交地下鉄四つ橋線西梅田駅から徒歩すぐ MAP付録P11B4

おはつてんじんうらさんどう
お初天神裏参道

名店目白押しの飲み屋路地

お初天神通りの脇道に、大阪の名店がぎゅっと集まる飲み屋街。燻製料理にフレンチ、焼とん、寿司など多彩な店が並ぶ。夜半過ぎまで営業する店も多く、週末は道にも客がはみ出すこともある盛況ぶりだ。

DATA 住大阪市北区曽根崎2 ◷休店舗により異なるが、夕方オープン、日曜休の店が多い Pなし 交地下鉄谷町線東梅田駅から徒歩3分 MAP付録P10D3

しんうめだしょくどうがい
新梅田食道街

大阪グルメ店が勢ぞろい！

JR線高架下で戦後から続くグルメ名店街。立ち飲みや純喫茶といった昭和ムードの店から、たこ焼、スイーツなどのテイクアウト店まで2フロアに約100軒が集まる。アクセス良好で大阪の味を気軽に味わえるとあって、行列ができることもしばしば。

DATA ☎◷休公式WEBサイトに各店舗の詳細あり 住大阪市北区角田町9-26 Pなし 交JR大阪駅から徒歩すぐ MAP付録P11C2

えすとふーどほーる
EST FOODHALL

人気店が集まるフードホール

JR高架下のショッピングスポット・EST内にあるフードホール。和洋食、カフェやバーなど16店舗が並び、思い思いに一部の店舗の料理を持ち寄ってシェアゾーンで食べることができる。気軽な雰囲気が評判。

DATA ☎06-6371-8001 住大阪市北区角田町3-25 ◷11～23時（店舗により異なる。物販は～21時）休不定休 Pなし 交阪急大阪梅田駅から徒歩3分 MAP付録P10D2

きじ ほんてん
きじ 本店

熟練の技が光る絶品モダン焼

開店前から行列ができる名物店。人気No.1はもっちり太麺が食べごたえのあるモダン焼940円。粉を使わず、だしで溶いた玉子に焼そばを絡める独自のスタイルで焼き上げる。薬味の大葉と豚肉が好相性の豚玉は800円。

DATA ☎06-6361-5804 住大阪市北区角田町9-20新梅田食道街1階 ◷11時30分～（閉店時間は要問合せ）休日曜 Pなし 交阪急大阪梅田駅から徒歩3分 MAP付録P11C2

おこのみやき ゆかり ふこくせいめいびるてん
お好み焼 ゆかり 富国生命ビル店

チーズのお好み焼が大人気！

地元っ子御用達のローカルチェーン。個性的なメニューが揃い、イチオシは5種のチーズが入るフロマージュ焼1680円。ヒョウ柄の壁に大阪の観光スポットの写真が飾られた空間も大阪らしくて◎。DATA ☎06-6360-6070 住大阪市北区小松原町2-4大阪富国生命ビル1階 ◷11～22時LO 休不定休 Pなし 交JR大阪駅から徒歩4分 MAP付録P10D3

うまいや
うまい屋

うまさの秘密は二度焼きにあり

地元民に愛される下町のたこ焼屋さん。生地を足しながら二度焼きするため、外はカリッ、中はモチモチの食感。4代に渡り受け継ぐ秘伝のだしが利き、ソースなしでもおいしい。たこ焼8個480円。DATA ☎06-6373-2929 住大阪市北区浪花町4-21 ◷11時30分～18時30分（売り切れ次第終了）休火曜（祝日の場合は翌日）Pなし 交地下鉄各線天神橋筋六丁目駅から徒歩3分 MAP付録P8F2

column

ネオンがきらめく北新地は大阪随一の高級飲食店街

JR大阪駅の南側に広がる北新地。東京・銀座と肩を並べる高級飲食店街で、新地本通を中心に高級クラブ、ラウンジ、料亭などが集中する。ふらっと立ち寄るには勇気のいる店が多いが、最近では居酒屋などカジュアルな店も増加中。賑やかな夜の街を探索してみてはいかが。

MAP付録P8D4～9C4

個性あふれる大阪のランドマークを巡りましょう

市内の東へ向かえば、三国一の名城を戴く大阪城公園があります。
海遊館周辺のマリンリゾートをはじめ、
太陽の塔に会える万博記念公園やEXPOCITY、
世界遺産の堺・百舌鳥古墳群めぐりもおすすめです。

太閤さん気分で楽しみましょ 大阪城天守閣ご案内

豊臣秀吉にゆかりの深い、大阪人の魂のシンボル。
館内は歴史資料館となっており、秀吉とその時代を体感できるんです。

おおさかじょうてんしゅかく
大阪城天守閣

太閤さんの時代へタイムトリップ

天正11年（1583）、豊臣秀吉によって築城開始。絢爛豪華な建築と鉄壁の防御力で「三國無双」と讃えられたが、大坂夏の陣で落城。その後も再築・焼失を経て、現在の天守閣は3代目。地上8階建ての各フロアにはさまざまな歴史展示があり、秀吉や大阪城の歴史を学ぶことができる。

☎06-6941-3044 住大阪市中央区大阪城1-1 ¥入館600円 ⏰9～17時（入館は閉館30分前まで） 休12月28日～1月1日 P大阪城公園駐車場利用（有料） 交JR大阪環状線大阪城公園駅から徒歩15分 MAP付録P20B3

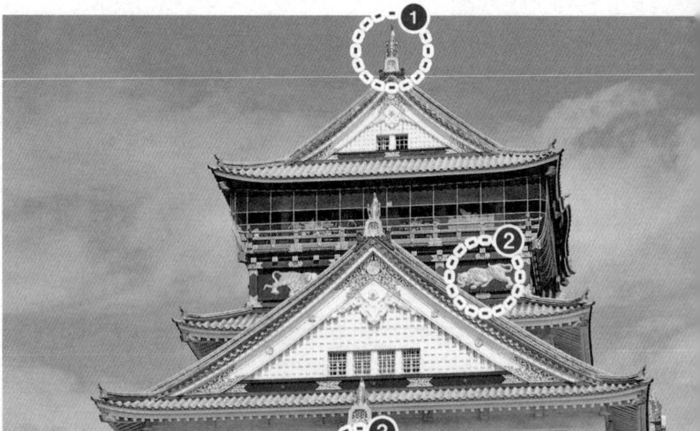

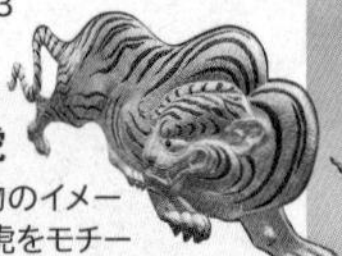

金ピカ装飾に注目！

❷伏虎
強い動物のイメージとして虎をモチーフに。東西南北の四面に全8匹

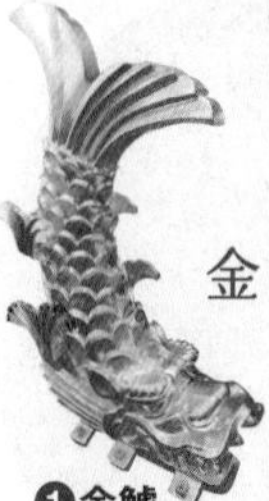

❶金鯱
天守を守る金の鯱。展望台からは目の前に見られます

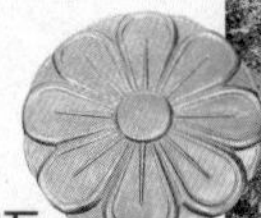

❸菊紋飾瓦
直径約90cm。秀吉時代には金箔瓦が使われていたそう

※拡大写真は原寸大レプリカ（天守閣2階に展示）

大阪城の歴史

安土桃山時代	天正11（1583）	石山本願寺跡に築城を開始
	天正13（1585）	初代天守完成
	慶長3（1598）	秀吉死去
	慶長5（1600）	関ケ原の戦いで東軍徳川が勝利
	慶長8（1603）	江戸幕府成立
江戸時代	慶長19（1614）	大坂冬の陣
	慶長20（1615）	大坂夏の陣で落城、豊臣家滅亡
	寛永3（1626）	徳川幕府の再築で2代目天守完成
	寛文5（1665）	落雷により天守焼失
	慶応4（1868）	幕末の混乱で城内の大部分が焼失
近現代	明治初期	大阪城跡地が軍需工場などの陸軍用地に
	昭和6（1931）	市民の寄付により3代目天守完成
	昭和20（1945）	太平洋戦争で空襲被害
	昭和23（1948）	大阪城公園を再整備
	平成9（1997）	平成の大改修終了。国の登録有形文化財に

夜間ライトアップも必見！

天守閣では毎夜ライトアップを実施。白壁が夜空に浮かび上がるさまは見事！ 年に何度か、異なる色にライトアップされるイベントもあり。日没～24時30分。

©（公財）大阪観光局

8F	展望台
7F	豊臣秀吉の生涯
6F	
5F	大坂夏の陣図屏風の世界
4F	豊臣秀吉とその時代
3F	豊臣秀吉とその時代
2F	お城の情報コーナー
1F	天守閣の入口

8F
展望台
地上約50m、大阪市街を360度見わたせる。北面には大川越しにキタの高層ビル街、南面には遠くあべのハルカスまで一望。

▼鹿角の兜と白い采配が真田幸村の目印

5F
ミニチュア夏の陣
国の重要文化財・大坂夏の陣図屏風のハイライトシーン、真田幸村隊vs松平忠直隊の合戦の様子を、307体のフィギュアで活写！

5F
パノラマビジョン
5000人以上の人が描かれた大坂夏の陣図屏風の注目点を大画面で解説。武将のエピソードはもちろん、戦いに巻き込まれた庶民の姿も。

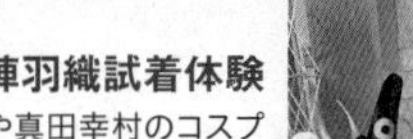

3F
黄金の茶室 原寸大模型
千利休からわび茶の指導を受けた秀吉の茶室を再現。内装、茶道具もすべて金色で統一されたきらびやかな空間。

2F
兜・陣羽織試着体験
秀吉や真田幸村のコスプレ体験!?　有名武将の兜のレプリカと陣羽織を試着、天守閣のパネルをバックに記念撮影できる。1回500円

おみやげは、1・8Fのミュージアムショップで買えます

千代箱大阪城（干菓子）650円

大阪城木製ぐい飲み2個セット 880円

天守閣内はエレベーター完備。なんと昭和6年（1931）の再建時から設置されていた、バリアフリー建築なんです。

天守閣のまわりも見どころ満載 大阪城公園を散歩しよう

所要 約60分

天守閣の周りに広がる大阪城公園にも、史跡やビュースポットがいっぱい。
大阪城公園駅そばと、天守閣真横のグルメや買い物を楽しめる2大複合施設もチェック！

ごくらくばし
極楽橋

JR大阪城公園駅から天守閣に向かうと、最後に渡る橋。橋・石垣・天守閣がきれいに収まるフォトスポット！

おおさかじょうござぶね
大阪城御座船

金色の船で大阪城の内濠をめぐる、約20分間の贅沢なクルーズ。極楽橋のたもとから出発、壮大な石垣を見上げる体験は御座船ならでは。船の上からしか見られない景色も！

☎080-3764-3773（現地券売所、受付は運行時間中のみ）¥乗船料1500円 🕒10時～16時30分（最終便発）の間、10～15分間隔で運行 休年末年始、ほか荒天・機材調整等で変更・中止あり

ほんまるひろば
本丸広場

大阪城天守閣前の広場で、ゆっくりと休めるベンチがある。さまざまなイベントも催される。

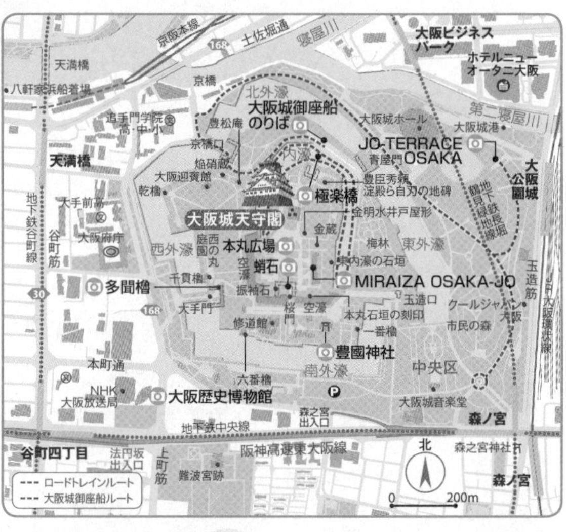

たこいし
蛸石

城を守る石垣の中で最大、推定108トンといわれる大石。左下にタコに見える模様があるのが名の由来。

たもんやぐら
多聞櫓

城内に現存する、数少ない「徳川大坂城」の遺構。櫓門を通る敵に、上から槍を落とす仕掛けも。

ほうこくじんじゃ
豊國神社

豊臣秀吉公、秀頼公、秀長卿を祀る神社。境内には高さ5.2mの秀吉公銅像がある。🕒9～17時、拝観自由

大阪城公園

2大最旬スポットへ行こう!

ロードトレインで公園めぐり

森ノ宮駅側～ JO-TERRACE OSAKA～極楽橋を結ぶロードトレインで、ラクラク公園散策はいかが? 大人片道400円、9時30分～17時に約30分間隔で運行。第1木曜休(祝日の場合は翌日)

天守閣に隣接。ヨーロッパの古城を思わせる荘厳な建物

みらいざ おおさかじょう

MIRAIZA OSAKA-JO

近代建築をオシャレに再生

大阪城天守閣と同い年の昭和6年(1931)竣工、旧陸軍施設だった建物が、ハイセンスな複合施設に。古い意匠を生かした重厚な館内で、特別なディナーやお買い物を楽しめる。

☎06-6755-4320(代) 住大阪市中央区大阪城1-1 P大阪城公園駐車場利用(有料) 交JR大阪環状線大阪城公園駅から徒歩15分 MAP付録P20B3

カフェ・レストラン

ぶるー ばーず るーふ とっぷ てらす

BLUE BIRDS ROOF TOP TERRACE

こんな景色、ココだけ! 天守閣を目の前に望む屋上カフェ。3～11月はBBQレストランとして予定。

☎06-6941-7100 ¥1オーダー制500円～、BBQ大人1名8800円～ ⏰ランチ・カフェ12～17時、ディナー17～21時LO※変更の場合あり 休12～2月

イタリアン

くろすふぃーるど うぃず てらすらうんじ

crossfield with TERRACE LOUNGE

建物の建設当時の面影を残すクラシカルな空間で、イタリアンを提供。☎06-6941-7100 ⏰ランチ11時30分～14時30分LO(最終入店14時)、カフェ15時～16時30分LO、ディナー17～21時LO※変更の場合あり 休年末年始

おみやげ

しのびや

忍屋

ゴム手裏剣 1個200円

忍者姿のスタッフがお出迎え!? 手裏剣や模造刀などの戦国グッズや、大阪城モチーフのおみやげなどが揃う。

☎06-6755-4514 ⏰9時～17時30分 休無休

駅の改札階からデッキで直結

じょー・てらす・おおさか

JO-TERRACE OSAKA

駅直結!カフェやレストランが大充実

JR大阪城公園駅直結、公園の玄関口にオープンした複合施設。飲食店のほか、ランナーサポート施設や、大阪城公園のインフォメーションなども揃う。

☎06-6314-6444(代) ⏰大阪市中央区大阪城3-1 P大阪城公園駐車場利用(有料) 交JR大阪環状線大阪城公園駅から徒歩すぐ MAP付録P20C3

ミートプラッター MEGA(4人前6488円)

ダイニングカフェ

ぐっどすぷーん じょーてらすてん

good spoon ジョーテラス店

シェフの目利きで厳選する肉を炭火焼きで味わえるミートプラッターが人気。天守閣を眺めながらBBQができるテラス席も。

☎06-6450-6780 ⏰11～21時LO 休無休

大阪城のお膝元

大阪歴史博物館(おおさかれきしはくぶつかん)

古代から近現代までの大阪の歴史を、復元模型や実物資料でリアルに展示。10階からは大阪城や難波宮跡を一望できる。☎06-6946-5728 住大阪市中央区大手前4-1-32 ¥常設展600円(特別展は別途) ⏰9時30分～17時(入館は～16時30分) 休火曜(祝日の場合は翌日)、12月28日 ～1月4日 P144台(有料) 交地下鉄各線谷町四丁目駅から徒歩すぐ MAP付録P20A4

海遊館とあわせてめぐる 天保山おたのしみスポット

大阪の誇る超大型水族館は、迫力満点で見どころたくさん。
グルメや遊びに1日中楽しめる海辺のリゾートを堪能しましょう。

▲西日本初展示のワモンアザラシ

◀凛々しいオウサマペンギン

▶遊ぶのが大好きなカマイルカ

▼メインの「太平洋」水槽は大迫力

かいゆうかん
海遊館

のんびり見学 3時間

海の世界を大スケールで

国内有数の巨大水族館。深さ9m、水量5400tもある「太平洋」水槽をはじめ14の大水槽などで、環太平洋の多種多様な生き物に出会える。ペンギンやイルカなどの人気者を含め、展示生物は約620種・3万点。期間限定で行われる企画展やイベントも大きな魅力。

☎06-6576-5501 住大阪市港区海岸通1-1-10 ¥入館2700円(変動あり) 🕒10～20時(季節により異なる、入館は閉館の1時間前まで) 休不定休 P1000台(有料) 交地下鉄中央線大阪港駅から徒歩5分 MAP付録P22A4

ここに注目!
「海月銀河」(くらげぎんが)
約10種のクラゲに会えるコーナー。幻想的な雰囲気の中、いろんな角度からクラゲを観察できる。

▲暗闇の中に美しいクラゲの姿が浮かび上がる

お食事タイムをチェック!

カワウソやペンギン、イルカ、ジンベエザメなど、エサを食べる様子が見られる「お食事タイム」も人気。時間は公式WEBサイトで確認できる。

◀両手で食べるかわいらしいコツメカワウソ

▶砂から体を出してニョロリと動くチンアナゴ

▲海のカラフルな魚が泳ぐドーム水槽

ここに注目!
「ぎゅぎゅっとキュート」
5階にある小さい生き物をぎゅっと集めたコーナー。サンゴ礁の色彩をモチーフにしたポップなコーナーで、カクレクマノミやチンアナゴに会える。

グルメ&グッズ

Ⓐ カフェ R.O.F (4F)
Ⓑ ドリンクスタンドSEA SAW (エントランスビル2F)
Ⓒ 海遊館オフィシャルショップ (エントランスビル3F)

▶手ぬぐい (アシカ・アザラシ) 1650円 Ⓒ

◀ジンベエソフト 440円 ⒶⒷ

▶ぬいぐるみ ジンベエザメS 1320円 Ⓒ

※最新の営業・イベント情報などは、海遊館の公式WEBサイトをご確認ください。

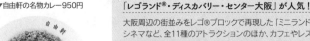

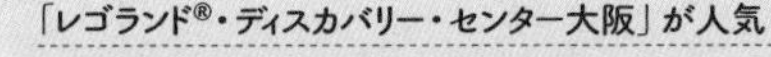

▼自由軒の名物カレー950円

「レゴランド®・ディスカバリー・センター大阪」が人気！

大阪周辺の街並みをレゴ®ブロックで再現した「ミニランド®」や4Dシネマなど、全11種のアトラクションのほか、カフェやレストランも入る屋内型施設。たくさんのレゴ®ブロックとアトラクションで、レゴ®ブロックの世界を体験できます。お子様とご家族でどうぞ。

☎0800-100-5346 MAP付録P22A3

▲1970年の大阪万博前の大阪をイメージ

▲会津屋の元祖たこ焼12個700円

▶北極星のビーフカツオムライス1900円

所要60分

なにわくいしんぼよこちょう

なにわ食いしんぼ横丁

関西のうまいもん三昧

昭和40年頃の大阪下町をイメージしたフードテーマパーク。レトロな空間に、関西を代表する名物グルメ約20軒が集結する。飴細工などの実演も楽しい。

☎06-6576-5501(海遊館代表) 住大阪市港区海岸通1-1-10天保山マーケットプレース2階 ¥入場無料 ⏰11～20時(季節・曜日により変動あり) 休海遊館に準ずる P1000台(有料) 交地下鉄中央線大阪港駅から徒歩5分 MAP付録P22A3

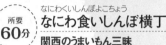

おおさかこうはんせんがたかんこうせん さんたまりあ

大阪港帆船型観光船サンタマリア

所要約45分

海風を感じてのんびり大阪港めぐり

ベイエリアの名所をクルーズ船で観光。美しい夕日を眺めるトワイライトクルーズは4月下旬～5月ごろ、7～10月ごろの土日祝のみ運航。

☎0570-04-5551 住大阪市港区海岸通1-1-10 ¥デイクルーズ1600円 ⏰出港:11時～1時間ごと(季節により異なる) 休海遊館休館日、冬期ドック期間 P1300台(料金要問合わせ) 交地下鉄中央線大阪港駅から徒歩10分、海遊館西はとば MAP付録P22A4

ここに注目!
コロンブスのサンタマリア号を再現！
15世紀コロンブスがアメリカ大陸に到達した船をモデルに約2倍の大きさで建造。帆船型で雰囲気たっぷり。

ここに注目!
世界初のライトアップ
LED照明の間接光と直接光を組み合わせた、観覧車のライトアップが見もの。

▼側面・底面まで全て透明のシースルーゴンドラもあり

てんぽうざんだいかんらんしゃ

天保山大観覧車

所要約15分

空中散歩で海辺の絶景を満喫

直径100m、最高部地上112.5mの世界規模の大観覧車。天気がいいと西に明石海峡大橋、北に六甲山系を見晴らせる。夜はLEDのイルミネーションが輝き空を彩る。

☎06-6576-6222 住大阪市港区海岸通1-1-10 ¥乗車900円(3歳以上) ⏰10～21時、土・日曜、祝日は～22時(チケット販売は終了15分前まで、季節により異なる) 休海遊館に準ずる P1000台(有料) 交地下鉄中央線大阪港駅から徒歩5分 MAP付録P22A3

外洋船の発着する港町として栄えた天保山周辺。今も古い倉庫や昭和初期のレトロビルが残り異国情緒を味わえます。

「太陽の塔」に会いたい！万博記念公園をお散歩

奇才・岡本太郎の代表作、太陽の塔がそびえ立つ万博記念公園。
別館が誕生したEXPO'70パビリオンや太陽の塔の内部など、みどころがたくさん

太陽の塔って何者!?

昭和45年（1970）に開催された日本万国博覧会（大阪万博）のレガシーの一つ。テーマ展示プロデューサーだった芸術家・岡本太郎の代表作で、高さ約70mの圧倒的な存在感と、異形の表情に圧倒される。「万博世代」以降の若者にもファンが多い。

何がスゴいの？ 大阪万博

「人類の進歩と調和」をテーマに開催された、アジア初の万国博覧会。高度経済成長時代を代表するイベントで、約6400万人が訪れた。出展施設・鉄鋼館は現在、記念館・EXPO'70パビリオンとなり、当時の熱い空気を伝える。

【EXPO'70パビリオン】☎0120-1970-89 ¥常設展大人500円（特別展は別途）※別途自然文化園入園料要 ◷10〜17時（入館は〜16時30分）

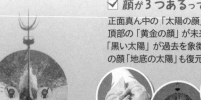

◀2023年8月にできたEXPO'70パビリオンの別館には、当時のユニフォームを展示

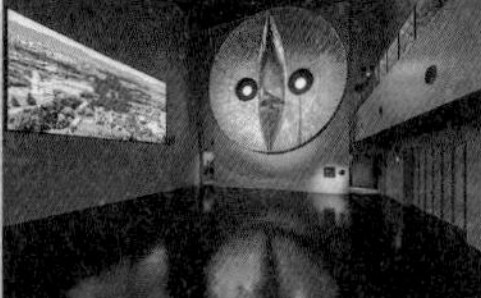

▲大阪万博開催時に太陽の塔頂部に設置されていた黄金の顔は必見

☑ 顔が3つあるってホント？

正面真ん中の「太陽の顔」が現在、頭頂部の「黄金の顔」が未来、背中側の「黒い太陽」が過去を象徴。そして第4の顔「地底の太陽」も復元！

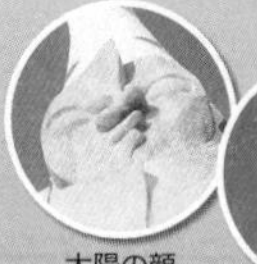

太陽の顔

黄金の顔

黒い太陽

☑ ライトアップもあるの？

夏・冬にはライトアップで、太陽の塔の白い肌が華やかに彩られる。季節限定の表情を見逃さないで！

※写真はイメージ

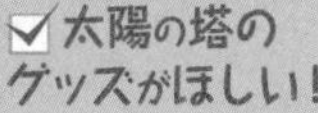

☑ 太陽の塔のグッズがほしい！

強烈な個性を放つグッズは、太陽の塔内ミュージアムショップや、EXPO GOODS STOREで販売。

太陽の塔ピンズ各660円は前面・背面の両柄あり

太陽の塔マグカップ2750円。内側に生命の樹が！

写真提供：大阪府

ばんぱくきねんこうえん

万博記念公園

文化と自然が心地よく共存する

高度経済成長の輝かしい時代の象徴でもあった、日本万国博覧会（大阪万博）。この会場跡地を整備した公園には、豊かな自然と文化が融合。緑を満喫できる自然文化園や、異文化理解を深める博物館など、見どころもいっぱい。

問合せ 万博記念公園コールセンター ☎06-6877-7387 ¥260円（自然文化園・日本庭園共通）、一部施設は別途必要 ⏰9時30分～17時（入園は～16時30分）休水曜（祝日の場合は翌日、4/1～GW、10/1～11/30は無休）P約4300台（有料）MAP付録P3C1

アクセス

電車：北大阪急行千里中央駅、阪急千里線山田駅から大阪モノレール利用、万博記念公園駅から徒歩5分

車：名神高速道路吹田ICから約5分

こくりつみんぞくがくはくぶつかん

国立民族学博物館

異文化理解のすすめ

約1万2000点もの資料で、世界中の文化を紹介。世界を9つの地域に分けた地域展示と、言語や音楽の通文化展示があり、オセアニアを出発して東回りに世界を一周する構成となっている。

☎06-6876-2151 ¥本館展示一般580円（特別展は別途必要な場合あり）⏰10～17時（入館は～16時30分）休水曜（祝日の場合は翌直後の平日）

実際に太平洋を渡ってきた「チェチェメニ号」

おおさかにほんみんげいかん

大阪日本民芸館

美しい民藝品を展示

大阪万博のパビリオンだった建物を活用。約6000点の民藝品を収蔵し、企画展を行う。民藝品が並ぶショップは入店無料。

☎06-6877-1971 ¥一般710円（自然文化園・日本庭園入園券がある場合は一般450円）⏰10～17時（入館は～16時30分）休水曜（祝日の場合は翌日）、展示替え期間の夏期・冬期

日本の造園技術の粋を集めて造られた庭園は、4つの時代の庭園様式を再現

広大な自然文化園は季節の花と緑でいっぱい

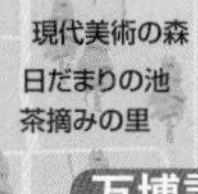

芸術が爆発!? 太陽の塔の「中」を見に行こう

❶高さ約41m！塔内部を貫く「生命の樹」は生命の進化の過程を表現 ❷顔の直径約3m、黄金に輝く「地底の太陽」は、当時の資料をもとに復元 ❸進化の系譜に沿って、33種183体の生物模型を設置 ❹大阪万博当時のゴリラを、あえて補修せず展示。頭部の機械構造が見える

大阪万博当時には、テーマ館の一部として中に入場できた太陽の塔。2018年からは、48年ぶりに内部の公開がはじまり、常設展示の施設に。「地底の太陽」と「生命の樹」2つのゾーンには、修復・新規制作された模型の展示をはじめ、LEDや照明演出でよりドラマチックな空間に。

☎0120-1970-89 ¥入館大人720円（別途自然文化園入園料要）⏰10～17時（イベントなどにより変動）※予約制（太陽の塔公式WEBサイトにて入館日の4か月前から予約可能、先着順）。当日券は予約に空きがある場合のみ販売 ※観覧時間は約30分

一大エンターテイメント空間「EXPOCITY」でもっと遊ぼう

万博記念公園に隣接するEXPOCITYには、エンタメもグルメもお買い物も充実！遊びながら学べる施設が充実し、ファミリーもカップルも楽しめるんです。

EXPOCITY（エキスポシティ）ってこんなところ

多彩なエンターテイメント施設と大型ショッピングモールがタッグを組んだ、日本最大級の複合施設。子どもも大人も楽しめる、体験型エンタメが充実する。万博記念公園の南側に隣接し、日本一の高さを誇る観覧車からは公園を一望できる。

アクセス
電車：北大阪急行千里中央駅または阪急千里線山田駅から大阪モノレール利用、万博記念公園駅下車、徒歩約2分
クルマ：名神高速・近畿自動車道吹田IC、中国自動車道中国吹田ICからすぐ
問合せ ☎06-6170-5590（代表/受付10～18時）¥◷施設により異なる 休不定休 P約4100台（有料、買い物や施設利用により優待あり）MAP付録P3C1

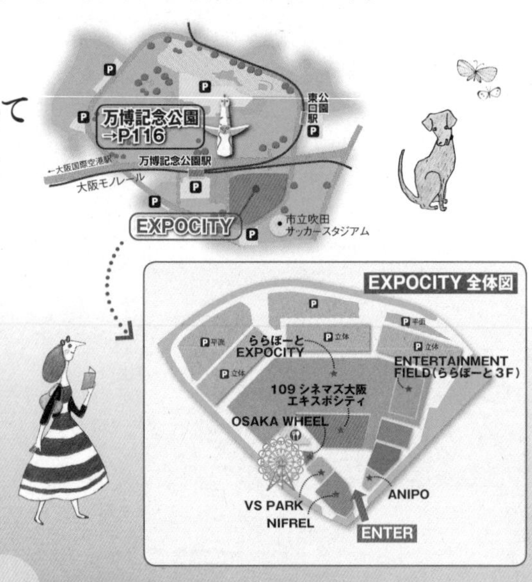

OSAKA WHEEL（おおさか ほいーる）

高さ日本一の観覧車

地上123m、日本一の高さを誇る大観覧車。一周約18分、足元までシースルーのゴンドラからは、西は六甲、東は生駒山系までを一望。隣接する太陽の塔を「見下ろす」体験は感動必至！

☎06-6170-3246（受付10～18時）¥1名1000円（VIPゴンドラは4名まで1台8000円）◷11～21時(20時40分最終受付) 休EXPOCITYに準ずる

てっぺんから北向きの眺望。万博会場の広大さを改めて体感

夜はイルミネーションも！

ブルー、パープルなどのライトアップが幻想的

ホイップワッフル 600円～

エントランスのカフェで新スイーツ発見！

にふれる
NIFREL

生きものたちを間近で観察

海遊館（☞P114）がプロデュースする「生きているミュージアム」。約120種1000点の生きものを、「いろ」「およぎ」「うごき」など、その個性や魅力にフォーカスした8つのゾーンで展示する。

☎0570-022060（ナビダイヤル）¥入館大人(16歳以上・高校生)2200円 ⏰10～18時(土・日曜、祝日は9時30分～19時) ※入館は閉館1時間前まで 休EXPOCITYに準ずる

「みずべにふれる」ゾーンの人気者、ホワイトタイガーの「アクア」

ミニカバの「フルフル」と「ネムネム」親子の姿にほっこり

世界最大級の爬虫類・イリエワニも見ごたえあり

昆虫のほか植物も食べるエボシカメレオンは「かくれるにふれる」ゾーンに

◀アナホリフクロウは、トイレ表示板の上がお気に入り!?
▶世界で一番小さいカンガルーの仲間・パルマワラビー

砂底から頭を出すニシキアナゴ

ガラス細工のようで色鮮やかなシロボシアカモエビ

口から水鉄砲を出し、水面上のエサを撃ち落とすテッポウウオ

動物たちの暮らす空間に入り込める!? 「うごきにふれる」ゾーン

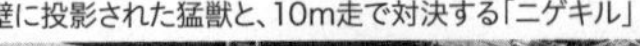

壁に投影された猛獣と、10m走で対決する「ニゲキル」

ららぽーとえきすぽしてぃ
ららぽーとEXPOCITY

関西でココだけがいっぱい！

ファッション、雑貨、グルメからビューティまで、約300店舗が並ぶショッピングモール。有名ブランドのプレミアムショップなど、関西でココだけの展開も要チェック！

☎06-6170-5590（代表/受付10～18時）⏰10～20時（土・日曜、祝日は～21時)、EXPO KITCHENは11～21時(土・日曜、祝日は～22時) ※一部店舗を除く 休不定休

老舗高級果物店が手掛ける「マルトメ・ザ・ジューサリー パフェテリア」では、プレミアムマスクメロンクレープ1606円やミックスフルーツパフェ1848円が人気

吹き抜けの「光の広場」を中心に、扇形に広がる全3フロア

「万博食堂」では、大阪万博に集結した世界の料理を再現。万博プレート2178円

巨大なボールを押し合って相手を落とす「ボンバーアタック」

ぶいえす ぱーく
VS PARK

「ヤバすぎスポーツ」大集結！

性別や運動神経を問わず気軽に楽しめる屋内"ヤバすぎ"アクティビティ施設。猛獣との競争やボールプールへの落とし合いなど、エンタメ性に富んだアクティビティが30種類集合する！

☎06-6369-7186 ¥一般2時間2900円 ⏰10～20時(土・日曜、祝日は～21時) 休EXPOCITYに準ずる ※最新情報は公式WEBサイトを確認

「EXPOCITYのエンタメ施設は、楽しみながら自然や文化を体感できる「エデュテインメント」型が中心。子どもも大人もワクワク必至です。

古代史ロマンのまちを歩く 世界遺産・百舌鳥古墳群へ

世界三大墳墓の一つ・仁徳天皇陵古墳をはじめ、大小44基が点在する堺。はるか1600年の歴史を積み重ねてきたまちへ、ぶらり散策に出かけよう。

A 仁徳天皇陵古墳

にんとくてんのうりょうこふん

日本最大の前方後円墳。三重の濠が巡らされた、百舌鳥古墳群の代表的存在だ。中には立ち入れないので、南側「前方」部正面の拝所から参拝を。

住堺市堺区大仙町
築年代:5世紀中頃

アクセス

電車:JR天王寺駅から阪和線で百舌鳥駅まで約21分
南海なんば駅から高野線準急で三国ヶ丘駅まで約15分

車:なんば周辺から約13km

MAP付録P2B6

▶エジプト・クフ王のピラミッド、中国・秦始皇帝陵と並び、世界三大墳墓に数えられる仁徳天皇陵古墳

写真:堺市提供

古墳めぐりのマストスポット

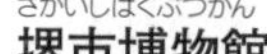

大仙公園

だいせんこうえん

百舌鳥古墳群の中心地

仁徳天皇陵古墳の南側に広がる公園で、園内にも数基の古墳が点在する。芝生広場や日本庭園で自然とふれあえるほか、堺市博物館などの施設もあり。茶室「伸庵」では古墳の形の干菓子が出ることも。

☎072-241-0291 住堺市堺区東上野芝町1-4-3 ¥休園内自由(一部施設を除く) P438台(有料) 交JR百舌鳥駅から徒歩2分 MAP P121

堺市博物館

さかいしはくぶつかん

シアターで古墳時代を体感!

堺の歴史や美術、考古、民俗などを資料や模型で展示。なかでも仁徳天皇陵古墳のドローン空撮や、築造当時の再現映像を観賞できるシアター体験は必見。

☎072-245-6201 住堺市堺区百舌鳥夕雲町2 ¥入館200円 ※特別展示開催時は料金変更の場合あり 🕒9時30分~17時15分(最終入館16時30分) 休月曜(祝日の場合は翌日) P大仙公園P利用 交JR百舌鳥駅から徒歩6分 MAP P121

堺市茶室 伸庵

さかいしちゃしつ しんあん

由緒ある茶室で一服

数寄屋普請の名匠・仰木魯堂が昭和初期に建てた茶室。抹茶は500円(変更の場合あり)で、偶数月は古墳型、奇数月は千利休の古印型の干菓子付き。

☎072-247-1447 住堺市堺区百舌鳥夕雲町2 ¥見学無料 🕒9時30分~16時30分(立令呈茶は10~16時) 休月曜(祝日の場合は開館)、堺市博物館の休館日 P大仙公園P利用 交JR百舌鳥駅から徒歩6分 MAP P121

堺市役所21階 展望ロビー

さかいしやくしょ21かいてんぼうろびー

地上80mから見る古墳群

古墳密集地帯から少し離れた展望ロビー。回廊型で眺望は360度、なかでも南側に望む仁徳天皇陵古墳の姿は大迫力! 地上からではわかりにくい古墳を見渡すことができる。

☎072-228-7493(堺市観光推進課) 住堺市堺区南瓦町3-1 ¥無料 🕒9~19時 休無休 P130台(有料) 交南海高野線堺東駅から徒歩5分 MAP P121

百舌鳥古墳群とは…

もずこふんぐん

大阪・堺市北部に位置する、日本を代表する古墳群。仁徳天皇陵古墳などの巨大古墳をはじめ、大小44基の古墳が点在する。4世紀後半～6世紀前半に築造されたものが多く、当時の支配者たちの勢力図を暗示するよう。2019年には、藤井寺～羽曳野市に位置する古市（ふるいち）古墳群と合わせ、世界文化遺産に登録された。

古墳めぐりにはレンタサイクルを

仁徳天皇陵古墳だけでも一周すれば3km弱、徒歩ではかなりキツイ古墳めぐりの味方はレンタサイクル。いくつか種類があります。

●堺観光レンタサイクル ☎072-245-6207（大仙公園観光案内所ほか）
●ミティレンタサイクル ☎072-222-8191（堺東駅前瓦町公園地下）
☎072-250-1354（中百舌鳥駅前西第3）
●シェアサイクル ☎050-3821-8282（HELLO CYCLING窓口）

B 履中天皇陵古墳

りちゅうてんのうりょうこふん

広々とした濠に浮かぶ姿も美しい、日本で三番目に大きな前方後円墳。宮内庁が第17代履中天皇陵として監理している。

住 堺市西区石津ケ丘
築年代：5世紀前半　墳丘長：365m

写真：堺市提供

C 御廟山古墳

ごびょうやまこふん

百舌鳥古墳群では4番目の大きさ。墳丘南側の前方部に「造出し」が取り付く。

住 堺市北区百舌鳥本町
築年代：5世紀前半
墳丘長：203m

写真：堺市提供

D 丸保山古墳

まるほやまこふん

前方後円墳の「前方」部分が短い帆立貝形前方後円墳。仁徳天皇陵古墳の外濠に接し、陪塚（付属的な古墳）の一つと考えられる。

住 堺市堺区北丸保園
築年代：5世紀後半　墳丘長：87m

E 銅亀山古墳

どうがめやまこふん

こちらも仁徳天皇陵古墳の陪塚の一つとされる。百舌鳥古墳群では珍しい方墳で、墳丘の残存度も良好。中には入れないがすぐそばまで近寄れる。

住 堺市堺区大仙町
築年代：5世紀前半　墳丘長：26m

大阪ランドマーク●百舌鳥古墳群

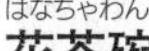

古墳グルメを食べたい！

花茶碗

はなちゃわん

「古墳愛」あふれるカレー

前方後円墳の形に盛ったご飯に、濠に見立ててカレーを流した古墳カレーが名物。リンゴ、バナナ、蜂蜜に羽曳野のイチジクも加えたカレーは、気さくな女将さんのアイデアのたまもの。

▲ブロッコリーを森に見立てた古墳の森カレー1200円

☎072-244-8725 住堺市堺区百舌鳥夕雲町2丁265 🕒11～19時 休木曜 Pなし 交JR百舌鳥駅から徒歩2分 MAP P121

Co.FUN カフェ

こふん かふぇ

千利休の街の抹茶カフェ

堺生まれの茶匠・千利休にちなみ、茶そばや抹茶スイーツで和めるカフェ。前方後円墳型のオリジナル器に盛った料理は写真映え抜群！ 人気のCo.FUNかき氷は5～9月に提供する。

▲Co.FUNかき氷1200円には高級抹茶を贅沢に使用

☎070-1838-1177 住堺市堺区向陵西町4-11-15 🕒10～17時 休水曜（ほか臨時休業あり）P2台 交JR・南海三国ヶ丘駅から徒歩すぐ MAP P121

百舌鳥とともに世界遺産に登録された古市古墳群には、国内第2位の面積を誇る応神天皇陵など45基が現存します。

ココにも行きたい

大阪郊外のおすすめスポット

かっぷぬーどるみゅーじあむ おおさかいけだ

カップヌードルミュージアム 大阪池田

世界に一つのカップヌードルを作ろう!

インスタントラーメンの歴史と発展について、展示や体験を通して学べる体験型食育ミュージアム。カップヌードルやチキンラーメンを自分で作れるコーナーが大人気！☎072-752-3484 住池田市満寿美町8-25 ¥入館無料（体験は有料）🕒9時30分～16時30分（最終入館は15時30分）休火曜（祝日の場合は翌平日）P23台（有料）交阪急池田駅から徒歩5分 MAP付録P3A1

歴代の商品パッケージ800点以上をズラリと展示

具材を選んで、カップヌードルをカスタマイズ。1食500円、所要約45分、予約不要

すみよしたいしゃ

住吉大社

関西屈指の初詣スポット

鎮座1800年以上の歴史を持つ古社。航海の守り神として信仰され、全国約2300の住吉神社の総本社にあたる。本殿は神社建築史上最古の様式の一つ「住吉造」。参拝路にある反橋は太鼓橋とも呼ばれ、渡るだけでお払いになるとされる。DATA☎06-6672-0753 住大阪市住吉区住吉2-9-89 ¥参拝自由 🕒6～17時（10～3月は6時30分～）休無休 P200台（有料）交南海本線住吉大社駅から徒歩すぐ MAP付録P2C5

ちーむらぼ ぼたにかるがーでん おおさか

チームラボ ボタニカルガーデン 大阪

夜の長居公園が光のアート空間に！

チームラボ《ツバキ園の呼応する小宇宙 - 固形化された光の色, Dusk to Dawn》©チームラボ

アート集団・チームラボが手がけた、長居公園を舞台にしたアート常設展。人の動きでインタラクティブに変化する。DATA☎06-6699-5120 住大阪市東住吉区長居公園1-23 長居公園内 ¥公式WEBサイトを要確認 🕒季節により変動あり（公式WEBサイトを要確認）休第2・4月曜、ほか不定休あり P長居公園駐車場利用587台（有料）交地下鉄御堂筋線長居駅から徒歩10分 MAP付録P2C5

はなはくきねんこうえんつるみりょくち

花博記念公園鶴見緑地

花と緑あふれる広大な公園

1990年「国際花と緑の博覧会」跡地に広がる公園。約5500種の世界の植物を展示する「咲くやこの花館」、乗馬苑やプールなどのスポーツ施設、温泉施設やBBQ・キャンプ場なども揃う。DATA☎06-6911-8787 住大阪市鶴見区緑地公園2-163 ¥施設により異なる 🕒休入園自由（一部夜間閉鎖、有料施設は施設により異なる）P1327台（有料）交地下鉄長堀鶴見緑地線鶴見緑地駅から徒歩すぐ MAP付録P3D3

そらにわおんせん おおさか べい たわー

空庭温泉 OSAKA BAY TOWER

関西最大級の温泉テーマパーク

地下から汲み上げる天然温泉を使った大規模温泉型テーマパーク。館内は大阪の古き良き町をイメージ、飲食店やフォトスポットも満載！DATA☎06-7670-5126 住大阪市港区弁天1-2-3 大阪ベイタワー2階 ¥入館料大人2460円～（入湯税込、日により変更あり）🕒11～23時（最終入館22時）休月1回不定休 P約1100台（有料、入浴で20分無料）交JR大阪環状線弁天町駅直結 MAP付録P2B4

だすきんみゅーじあむ

ダスキンミュージアム

おそうじとドーナツづくりの楽しさを体験！

掃除用品のレンタルやミスタードーナツを手掛けるダスキンの施設。ドーナツ手づくり体験やドーナツボールトッピング体験、モップゲームなど盛りだくさん。☎06-6821-5000 住吹田市芳野町5-32 ¥入館無料（体験は一部有料、要予約）🕒10～16時（最終入館は15時30分）休月曜（祝日の場合は翌平日）Pなし 交地下鉄御堂筋線江坂駅から徒歩10分 MAP付録P3B2

ひらかたぱーく

ひらかたパーク

家族で楽しめるのりものがいっぱい！

関西屈指の遊園地。木製コースター「エルフ」などの絶叫系からキッズも楽しめるアスレチックまで、アトラクションは39種。動物ふれあい広場や、夏のプール・冬のスケートなども人気。DATA☎0570-016-855 住枚方市枚方公園町1-1 ¥入園大人1800円（アトラクション料金別途）🕒10～17時（日によって異なる）休不定休 Pあり（有料）交京阪本線枚方公園駅から徒歩3分

きしわだだんじりかいかん

岸和田だんじり会館

だんじり祭りのすべてがここに

勇壮な岸和田だんじり祭（例年9月敬老の日の前の土・日曜開催）の熱気を、一年中体感できるテーマ館。だんじりの実物展示をはじめ、大屋根の上で舞う大工方や鳴り物体験など、だんじりの魅力を余すところなく紹介している。DATA☎072-436-0914 住岸和田市本町11-23 ¥入館600円 🕒10～17時（最終入館16時）休月曜 P市営駐車場25台 交南海本線岸和田駅から徒歩13分

大阪ならではの個性が光る！
人気のおみやげ探しへ

長年愛される味みやげから
くすっと笑えるユニークなグッズまで
観光名所や駅ナカで評判の大阪みやげをご紹介。
デパ地下で人気のスイーツみやげも要チェックです。

見た目も味も秀逸な ほめられスイーツみやげ

かわいらしいルックスに胸が弾み、口に運べばそのおいしさでハッピーになる、とっておきのスイーツみやげを集めました。パッケージにも注目です♪

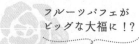

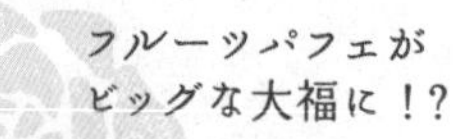

フルーツパフェがビッグな大福に!?

B

フルーツパフェ大福 鴻池花火(こうのいけ) 510円
5種の果物と生クリーム、こし餡（あん）、スポンジを羽二重餅で手包みした看板商品。持ち帰り専用 ●日持ち：冷蔵で2日

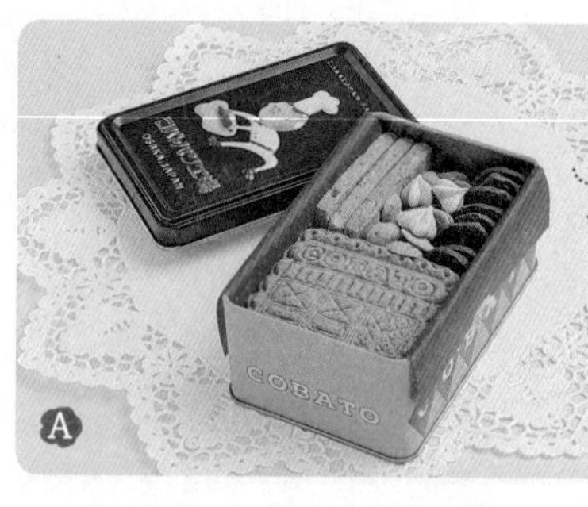

A

キュートな缶に多彩なクッキーがギュッ!

COBATO 浪漫缶 其ノ壱 2732円
花山椒を利かせたビスケットやメレンゲなど、個性豊かな5種入り
●日持ち：約90日

厚さ約3.5㎝! ふんわり軽くてリッチな味わい

D

バターサンド 1個432円〜
サブレの間にたっぷりのバタークリームが！ 定番のラムレーズン、Wマロン、ピスタチオのほか期間限定商品もあり ●日持ち：冷蔵で約7日

ふくろうモナカ 1個430円〜
かわいいく香ばしい最中に自分で餡（あん）を詰めよう。餡はつぶ、こし、ゆず、ピスタチオの4種
●日持ち：約14日

自立するふくろうがかわいすぎる♪

B

スペイン生まれのホロホロクッキー

A

COBATOオリジナル ポルボロン 6個入り1134円
アーモンドの風味豊かなスペイン生まれのクッキー。プレーン、メープル、チョコ、抹茶の4種 ●日持ち：約180日

A

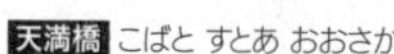

天満橋 こばと すとあ おおさか

COBATO STORE OSAKA

コッペパン専門店・コバトパン工場で人気のクッキー缶を取り揃える、手みやげ専門店。 ☎06-6360-9513 住大阪市北区天満3-5-1 ⏰11～17時 休火～木曜(祝日は公式SNSで要確認) Pなし 交地下鉄谷町線天満橋駅から徒歩9分 MAP付録P20A2

B

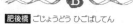

肥後橋 ごじょうどう ひごばしてん

五條堂 肥後橋店

東大阪の有名和菓子店の支店。イートイン日はSNSで要確認。 ☎080-3809-1138 住大阪市西区京町堀1-4-4 ⏰10時30分～14時、15時～18時30分（イートイン営業日は通し営業）休日・月曜、不定休あり Pなし 交地下鉄四つ橋線肥後橋駅から徒歩3分 MAP付録P13C3

C

北新地 きたしんち もりのおかし

北新地 森乃お菓子

大阪・豊中にある名店・森のおはぎの姉妹店。季節を感じるおはぎが名物。 ☎06-6341-2320 住大阪市北区曽根崎新地1-1-43 ⏰16時30分～21時（売切れ次第終了）休日・月曜、祝日 Pなし 交JR東西線北新地駅から徒歩5分 MAP付録P8D4

素材の味が生きた絶品おはぎ

おはぎ 6個1000円～ ※種類・価格は時期により変更
季節の素材を使ったおはぎは味わい深い。写真は焼栗、ほうじ茶など11～12月のもの ●日持ち：翌日中

絶品マカロンを大阪限定パッケージで

マカロン 3個詰合わせ 1674円
浮世絵風イラストをあしらった大阪限定ボックスには、ローズ、ピスタチオ、チョコレートの定番マカロンが
●日持ち：消費期限は冷蔵で約5～7日

大人のためのアソートクッキー缶

メルシー 3780円
バラやカシス、玉露など9種が入る。香りや食感、口どけなど個性あふれるぜいたくな味
●日持ち：約21日

組み合わせが斬新などら焼き

どら焼き 3個700円～
※種類・価格は時期により変更
竹炭入りなど多彩な生地で果実やバター餡をサンド
●日持ち：4日前後

愛らしいシルエットのクッキー

モン・トレゾール 3240円
和三盆とキャラメルを使った上品な「Cat」と、ココアとマカダミアナッツがほろ苦い「Dog」。缶もすてき！
●日持ち：約21日

D

梅田 えすえぬぱられる ぷろでゅーすど ばい せいいちろう にしぞの

SN.Parallel Produced by Seiichiro,NISHIZONO

大阪を代表するパティスリーによる新ブランド。大阪駅のエキマルシェ大阪内にある。☎06-4256-5697 住大阪市北区梅田3-1-1 エキマルシェ大阪 🕒11～22時 休エキマルシェ大阪に準ずる Pなし 交JR大阪駅からすぐ MAP付録P11B3

E

梅田 めいど いん ぴえーる えるめ でぃあもーるおおさか

Made in ピエール・エルメ ディアモール大阪

有名なパティシエのピエール・エルメ氏が、日本の良いものを世界へ発信するブランド。☎06-6485-8773 住大阪市北区梅田1大阪駅前ダイヤモンド地下街2 🕒10～21時 休施設に準ずる Pなし 交JR大阪駅から徒歩4分 MAP付録P11C3

F

天王寺 ぽあーる・あんとれ あべのはるかすきんてつほんてん

ポアール・アントレ あべのハルカス近鉄本店

半世紀以上前に大阪・帝塚山で開業した洋菓子の名店が展開。☎06-6654-6317 住大阪市阿倍野区阿倍野筋1-1-43あべのハルカス近鉄本店B1 🕒10時～20時30分 休不定休 ※🕒休施設に準ずる P提携駐車場約800台利用（有料）交JR・地下鉄各線天王寺駅から徒歩すぐ MAP付録P18D4

「Made in ピエール・エルメ ディアモール大阪」にある、同店限定のミックスジュース702円～（イートイン・テイクアウト）もおすすめ。

迷った時はコレ！大阪の大定番みやげ

大阪人も認める長年愛される「ザ・大阪みやげ」。
知名度も高く、しかもおいしい！これを買えば間違いなしです。

焼きたてふわふわ！
なにわっ子の定番おやつ

なんば りくろーおじさんのみせ なんばほんてん

りくろーおじさんの店 なんば本店

デンマーク産チーズを使い、しっとり溶けるような口どけのチーズケーキのおいしさは、大阪人にはおなじみ。薪パイ90円など焼き菓子も販売するほか、本店にはカフェも併設。 ☎0120-57-2132（お客様係） 住大阪市中央区難波3-2-28 ◷9～20時（カフェは11時30分～17時30分 ※土・日曜は11時～）※混雑時は閉店より早く受付終了の場合あり 休不定休 Ｐなし 交地下鉄各線なんば駅からすぐ MAP付録P17C3

▲2階のカフェスペースでは焼きたても楽しめる

焼きたてチーズケーキ
1ホール6号965円
卵白の泡立ちだけで軽い食感を実現。本格的な味に似合わない庶民価格に脱帽 ●日持ち：冷蔵で3日（常温で当日中）

ココでも買える！
直営店（大丸梅田店、エキマルシェ新大阪店など）

なんぼでも食べたい！
創業以来のおいしさ

梅田 てんてん はんしんうめだほんてん

点天 阪神梅田本店

45年以上前に大阪・北新地で生まれた餃子は、かわいらしいひと口サイズ。ニラや豚肉など厳選素材を創業当時から伝わる「秘伝のレシピ」で仕上げ、特製の薄皮で包む。
☎06-6345-1201（代表）住大阪市北区梅田1-13-13 阪神梅田本店B1 ◷休Ｐ交阪神梅田本店（☞P128）に準ずる MAP付録P11C3

ひとくち餃子
30個入り1490円
ニラが香るピリ辛のタネはジューシー！香ばしく焼くのはもちろん、茹でや揚げもおすすめ ●日持ち：冷蔵で5日

ココでも買える！
大阪・京都・兵庫の主要駅、伊丹空港売店、一部百貨店（大丸梅田店・心斎橋店、高島屋大阪店ほか）など

小豆の風味が豊かな
絶品餡（あん）のトリコに

堂島 でいりばしきんつばや

出入橋きんつば屋

昭和5年（1930）の創業時から変わらない、やさしい味のきんつばが看板商品。砂糖は控えめで、少し塩味を利かせて炊いた北海道産小豆は格別だ。甘味処も併設。 ☎06-6451-3819 住大阪市北区堂島3-4-10 ◷10～19時（土曜は～18時）※甘味処は閉店1時間前に終了 休日曜、祝日 Ｐなし 交地下鉄四つ橋線西梅田駅から徒歩5分 MAP付録P9B4

きんつば
10個入り1100円
薄皮はもっちりとして小ぶりながら食べごたえもあり。1個100円から購入可 ●日持ち：当日中

ココでも買える！
北浜店など

寒天を加えて固めた小豆に一面ずつ生地を付けて焼く▲

道頓堀 たこまさ どうとんぼりほんてん

たこ昌 道頓堀本店

特注の銅板で職人が一つずつ焼いた、店舗と同じレシピのたこ焼を自宅で手軽に味わえると人気。レンチンだけの手軽さで、外こんがり、中ふわふわの本場の味を堪能しよう。 ☎06-6212-3363 住大阪市中央区道頓堀1-4-15 時11～20時 休不定休 Pなし 交地下鉄各線なんば駅から徒歩5分 MAP付録P16D1

職人が手焼きしたたこ焼を冷凍！

秘伝しょう油味 たこ焼（特製ソース付き）
14個入り1620円
生地はだしの利いたしょう油味で、ソースなしでも美味。唐揚げもぜひ ●日持ち：冷凍で約1年

\ココでも買える！/
大阪の観光地のみやげ店、関西圏の駅・空港・SAの売店など

名店のコーヒーをおみやげに
ミナミの老舗喫茶・丸福珈琲店 千日前本店で、大阪らしいストロングコーヒーをおみやげにいかが？ 手軽なドリップタイプは、5個入り648円～。豆や瓶詰コーヒー、プリンなどの販売もあり。（☞P33）

約78年愛され続ける、大人気の豚まん

豚まん 6個入り1260円
フカフカでほんのり甘い皮の中には、うま味の強い豚肉&玉ネギがぎっしり！
●日持ち：当日中（冷蔵で3日）

なんば ごーごーいちほうらい ほんてん

551HORAI 本店

大阪みやげといえばまず名の挙がる豚まんは、1日約17万個売り上げる正真正銘の人気者。すべて店舗で手包みし、蒸したてを即時販売するのがおいしさのヒミツ。DATA☞P34

\ココでも買える！/
関西圏の百貨店・主要駅・空港売店など ※JR新大阪駅・空港の一部店舗ではチルド商品販売

十三 きやすそうほんぽほんてん

喜八洲総本舗本店

昭和23年（1948）創業の和菓子店。名物のみたらし団子は、北海道産昆布のだしが利いた、たまり醤油と白ざら糖の特製タレが味の決め手。俵型の団子にたっぷり絡む！
☎06-6301-0001 住大阪市淀川区十三本町1-4-2 時10～20時 ※状況により時短営業の場合あり 休火曜 Pなし 交阪急十三駅からすぐ MAP付録P3B3

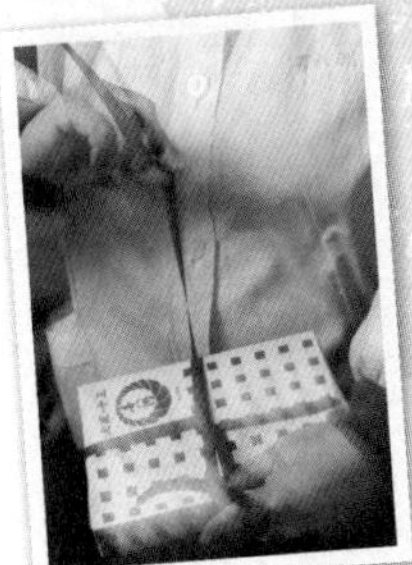

◀包装の素早さも名物！

みたらし団子
1本108円
注文を受けてから直火で炙る団子は、焦げ目がつきやすい円筒状で香ばしい！
●日持ち：当日中

香ばしい団子と甘辛タレがたまらない

\ココでも買える！/
新大阪駅、伊丹空港、一部百貨店（大丸梅田店、高島屋大阪店ほか）など

551HORAI 本店では、本店と通販限定のあんまんも人気なので要チェックです。

プレミアムなおみやげを探しに大阪駅周辺の百貨店へ

阪神・阪急・大丸、大阪駅周辺の3つの百貨店の地下フロアには、ココでしか買えない特別なおみやげがいっぱい！まとめ買いにも便利です。

プティナージュ
ダックワーズサンド
1個357円～
風味豊かな生地で、各フレーバーのムースなどをサンド。ピスターシュなど見た目も異なる9種が揃う。

ドローリー
パウンドケーキ 1個入り1080円
コクのあるゴルゴンゾーラと相性抜群のハチミツで仕上げた、ちょっと大人な味わいのやさしいパウンドケーキ。

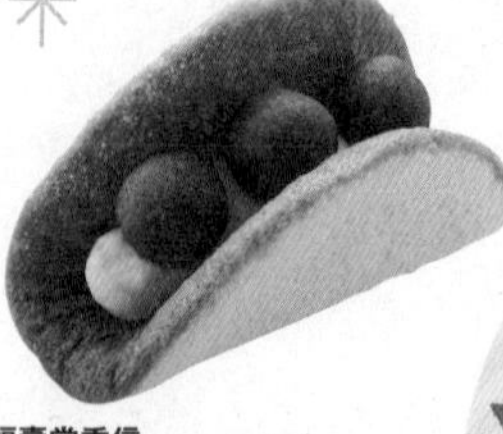

福壽堂秀信
あんクリームオムレット
小豆346円
ふわふわのカステラの中には、こし餡（あん）ボールとバタークリームが。和と洋の良いとこどりのスイーツ。

“食の阪神”
＼ならではの充実度／

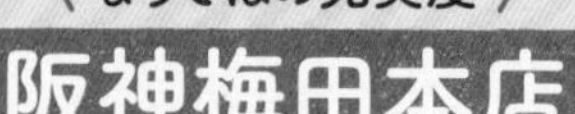

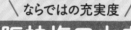

阪神梅田本店

2022年のリニューアルでさらに食品が充実。新ブランドのスイーツが増え、その品揃えは圧倒的。

カレーせんべい専門店
「カレーのくち」
カレーのくちアソート3種
約24枚入り1080円
スパイスを極めたカレーせんべい専門店のアソート。味は大阪スパイス、カレーのくちカレー、キーマの3種。エキゾチックで贅沢な味わいが自慢（2024年4月初旬より販売予定）。

クラブハリエ梅田阪神店
バームクーヘンmini
4個入り1944円
職人が丹念に焼き上げる、ふわふわ食感が人気の名物バームクーヘン。個包装が入る阪神限定パッケージ。

ガトーフェスタ ハラダ
グーテ・デ・ロワ 阪神タイガースモデル 化粧缶ミニ
（2枚入り×6袋）972円
行列ができる人気ガトーラスクの、阪神梅田限定のタイガースパッケージ。サイズ展開も豊富。

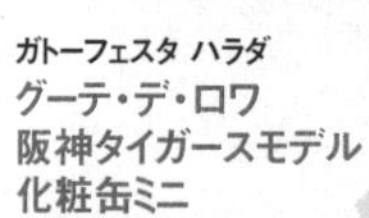

はんしんうめだほんてん
阪神梅田本店
☎06-6345-1201（代表） 住大阪市北区梅田1-13-13 ⏰10～20時（フロアにより異なる）※公式WEBサイトで要確認 休不定休 Pなし 交JR大阪駅中央口から徒歩2分 MAP付録P11C3
ここで買える 地下1階阪神食品館

UHA味覚糖
おさつどきっ
1袋648円
人気のさつまいもチップスが1.5倍の厚さに！さつまいも本来のおいしさを。6つの味が揃う。

阪神梅田本店のイベントもチェック

阪神梅田本店の1階「食祭テラス」では、毎週、食に関するイベントを開催している。全国から食が集う企画で連日大賑い。予定を公式WEBサイトでチェックして、ぜひ訪れてみて。

有名メーカーとのコラボでリード

阪急うめだ本店

食品ブランドとのコラボで、おなじみの商品をラグジュアリーに進化させたアイテムを多く揃える。

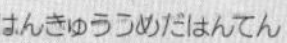

発酵カルピス®PARLOR
発酵バターサブレ
6枚入り1350円
カルピス®をつくる工程で生乳から取り除かれた脂肪から生まれる「カルピス（株）発酵バターを使用したサブレ。
※「カルピス」はアサヒ飲料（株）の登録商標です。

comemari
comemari
各594円
噛むごとに米の風味と粘りを感じる上品なお米のスナック。味は、チーズ味など6種。

はんきゅううめだほんてん
阪急うめだ本店
☎06-6361-1381（代表） 住大阪市北区角田町8-7 ⏰10～20時（フロアにより異なる）※公式WEBサイトで要確認 休不定休 Pなし 交阪急大阪梅田駅から徒歩3分 MAP付録P10D3
ここで買える 地下1階和・洋菓子売り場

ベビーモンシェール
ムース・オ・ハローキティ
ムース・オ・マイメロディ 各567円
名物ロールケーキ・堂島ロールをカットし、ハローキティの練乳ムースや、マイメロディのフランボワーズとショコラのムースをオン。

ご当地＆ユニーク系はおまかせ！

大丸梅田店

JR大阪駅直結でアクセス抜群！老舗の定番から個性的な話題の新スイーツまで幅広く並ぶ。

P.P.HAKKO
HAKKO レモンケーキ
1個270円
有名洋菓子店・五感の原点ブランド「プチプランス」が手掛ける。発酵バターを使った生地はレモンの香りが豊か。

OSAKA
愛シング
OSAKA CATS
1セット1728円
大阪城やカニ、ヒョウ柄のカバンなど、大阪らしいアイコンを模したアイシングクッキー。

チップス&チップス
バターポテトチップス
ギフトボックス 5袋入り1900円
大丸梅田店のオリジナルブランド。マッシュポテトと米粉で作るスナック。バターシーズニングが味付けのベースでおつまみにも◎。

だいまるうめだみせ
大丸梅田店
☎06-6343-1231（代表） 住大阪市北区梅田3-1-1 ⏰10～20時 ※公式WEBサイトで要確認 休不定休 Pなし 交JR大阪駅中央口から徒歩2分 MAP付録P11C3
ここで買える
地下1階ごちそうパラダイス

※情報は2024年1月現在のものです。営業時間、休みについては各百貨店の公式WEBサイトでご確認ください。

旅の最後は新大阪駅で サクッとおみやげ探し♪

新幹線に乗る新大阪駅でもまだまだおみやげを買えるチャンスはあります。大阪人に愛されている味のおみやげからユニークなものまで勢ぞろい！

かわいい＆ユニークなおみやげ

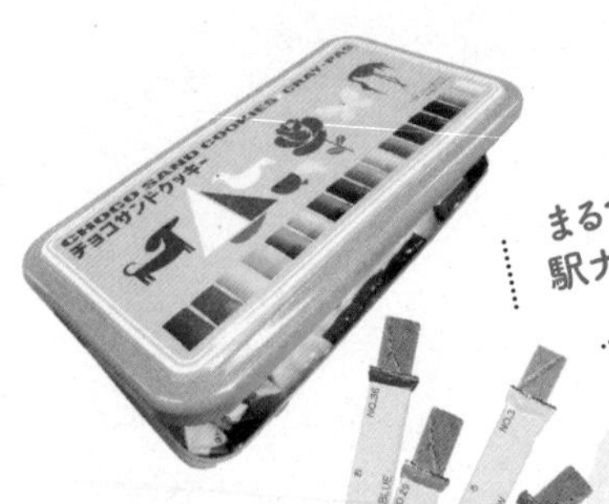

まるで文具な駅ナカ限定品

ナガトヤ
チョコサンドクッキー（クレパス柄） Ⓐ Ⓓ
16個入り1188円
大阪に本社があるサクラクレパスとのコラボ商品。ほかにペン型クッキー（クーピー柄）もある。JR西日本の駅ナカ限定品

大阪のソウルフードがスナックに変身！

アイデアパッケージ
大阪紅ショウガ天ポテトチップス Ⓐ Ⓒ Ⓓ
399円
大阪で好まれる紅ショウガ天をフレーバーにしたポテトチップス。ピリッとした辛さで食欲をそそる。新しい大阪みやげとしてブレイク中

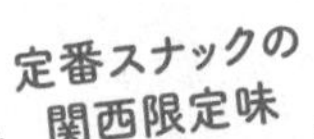

定番スナックの関西限定味

カルビー
じゃがりこ たこ焼き味 Ⓐ Ⓒ Ⓓ
997円～
定番スナックのたこ焼き味で、関西限定商品。ソースとマヨネーズのコク、カリッとした食感で手が止まらないおいしさ

フエキくんの容器がキュート♪

ヘソプロダクション
フエキクッピーラムネ レギュラーサイズ Ⓒ Ⓓ
550円
「フエキどうぶつのり」とカクダイ製菓の「クッピーラムネ」がコラボ！つぶらな瞳がかわいい容器に、懐かしのラムネがたくさん♪

90年余愛され続ける銘菓

うぐいすボール
うぐいすボール Ⓑ
各594円
ロングセラー「鶯ボール」の専門店。定番に加え、原材料にこだわったプレミアム鶯（うぐいす）ボールや、きな粉味なども登場

※掲載商品はすべてパッケージが変更される場合があります。

おいしいおみやげ

箕面の名洋菓子店 こだわりのフィナンシェ

デリチュース
フィナンシェ Ⓑ
5個入り1600円
箕面にあるチーズケーキの名店・デリチュースが手がける。ショコラ、抹茶、フロマージュポム（りんごとチーズ）の3種アソート

堺の歴史ある 伝統銘菓

小島屋
けし餅 ⒶⒸⒹ
6個入り 984円
創業から300年以上、堺の老舗による銘菓。こし餡（あん）を薄皮で包み、けしの実をまぶしたもの。品のある香ばしさが魅力

和洋が調和した 定番みやげ

青木松風庵
月化粧 ⒶⒸⒹ
6個入り930円ほか
上質な北海道産バターと練乳を入れて炊き上げた、なめらかな自家製餡（あん）がたっぷり入ったみるく饅頭。万人に愛される、やさしい味わい

毎日蒸し上げる 名物おこわ

京菓子司 絹笠
とん蝶 ⒶⒸⒹ
1個378円
和菓子の老舗が作るおにぎりは、新幹線でのお弁当代わりにも◎。ふっくらおこわに大豆・塩昆布を加え、小梅を添えた素朴な味わい

大阪の食卓に 欠かせない 調味料

旭食品
旭ポンズ ⒶⒹ
1本934円
50年以上愛される食卓の名脇役。昆布やカツオ節、シイタケでとっただしが味わい深い

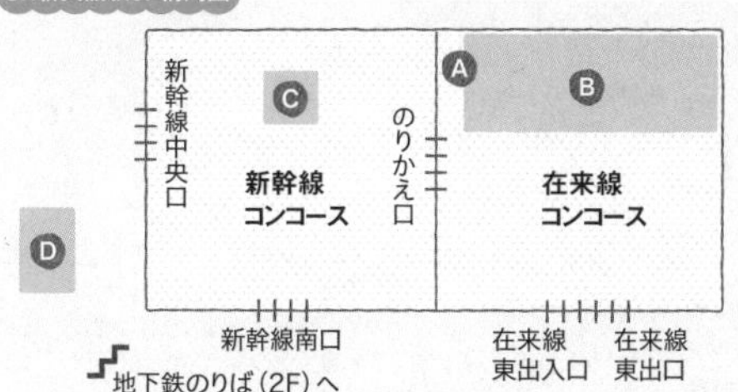

ココで買えます! 新大阪駅 MAP付録P3C2

Ⓐ **アントレマルシェ エキマルシェ新大阪店**（3F在来線改札内）
6時30分～22時

Ⓑ **エキマルシェ新大阪**（3F在来線改札内）
6時30分～23時30分（店舗により異なる）

Ⓒ **グランドキヨスク新大阪**（3F新幹線改札内）
6時30分～22時

Ⓓ **アントレマルシェ 新大阪中央口店**（3F在来線改札外）
6時30分～21時30分

ラグジュアリーな憧れの大阪ホテル

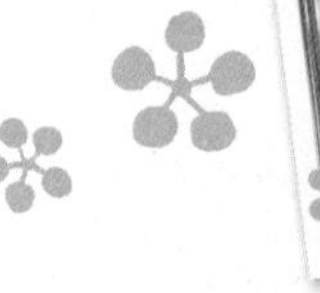

歴史と伝統が醸し出すくつろぎ、独自のもてなし…。
一流の味も揃う憧れのホテルで、しばしうっとり。

梅田

ざ・りっつ・かーるとんおおさか

ザ・リッツ・カールトン大阪

エレガントな空気と一流のホスピタリティが漂う

18世紀の英国貴族の邸宅を思わせる、ラグジュアリー感と落ち着いた雰囲気。標準的なスーペリアルームで40㎡以上というゆったりした空間に充実したアメニティなど、世界に展開するラグジュアリーホテルならではのくつろぎの時間を過ごせる。メインダイニングの「ラ・ベ」のほか、本格的なアフタヌーンティーが楽しめる「ザ・ロビーラウンジ」など計6つのレストラン&バーも楽しみ。

☎06-6343-7000 住大阪市北区梅田2-5-25 交JR大阪駅から徒歩7分 送送迎なし P130台（宿泊客1泊2100円）MAP付録P11B4 ●IN 15時 OUT 11時 ●洋室289室、和室2室

ココがステキ！
●標準的なスーペリアルームも、バスルームにはイタリア産大理石を使用。

料金
公式WEBサイトにて要確認

上・全ての客室はジョージアン様式のインテリアに、都会的なやすらぎをもたらす色でコーディネート　下・フランス料理「ラ・ベ」など実力派のレストランが揃う

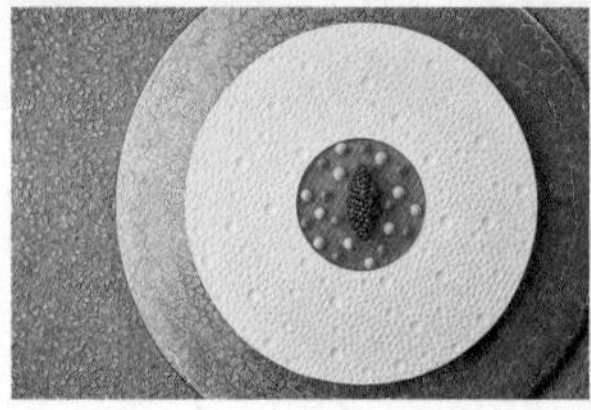

約450点の絵画や格調高い調度品を配した館内は優雅な雰囲気に包まれている

上・約50㎡～の広々とした客室　下・宿泊者は4階のスチーム・ドライサウナ完備の日本式浴場も利用可能

梅田

いんたーこんちねんたるほてるおおさか

インターコンチネンタルホテル大阪

グランフロント大阪に位置する話題のラグジュアリーホテル

関西で唯一のインターコンチネンタルホテル。エントランスでは甘くやさしいアロマの香りが迎え、館内随所にアート作品が施されるなど、五感を優雅に刺激する空間造りが心憎い。客室はスタンダードなタイプでも約50㎡あり、和の色調のファブリックや上質なリネンがもてなしてくれる。長期滞在も可能なキッチン付きのサービスレジデンスを備えるのも大きな特徴。

料金
- 平　日　5万9300円～
- 休　日　6万9300円～

ココがステキ！
スパ「MEGURI SPA & WELLNESS」では、全室スパスイートの贅沢な空間で、ボディ・フェイシャルトリートメント、ヘッドスパを楽しめる。

☎06-6374-5700 住大阪市北区大深町3-60 交JR大阪駅から徒歩5分 送送迎なし P59台（有料）MAP付録P11B1 ●IN 15時 OUT 11時 ●ホテル客室215室、サービスレジデンス57室

駅駅近　禁煙ルームあり　朝食ブッフェあり　リラクゼーション施設（料金別）　インターネット（客室回線無料または共用のPCあり）

天満橋

ていこくほてる おおさか

帝国ホテル 大阪

水と緑に囲まれた名門ホテルにステイ

大川沿いの自然豊かな環境・眺望と、名門ホテルのホスピタリティを両立させたホテル。格式高い調度品や質の良いもてなしからは、130年以上となる帝国ホテルの歴史が見てとれる。館内のレストランはフランス料理、鉄板焼、中国料理など多彩。高層階にあるインペリアルフロアおよびスイート宿泊者専用の「インペリアルフロア ラウンジ」では軽食や飲み物があり、上質なステイが楽しめる。

料金
平　日　3万1500円～
休　日　3万9600円～

ココがステキ！
アニバーサリーステイプラン（ツイン利用2名7万5100円～、朝食付）では、「ルームサービスでの夕食」もしくは「お花とケーキ」のどちらかをチョイス。

☎06-6881-1111 住大阪市北区天満橋1-8-50 交JR桜ノ宮駅から徒歩5分 🚌JR大阪駅からシャトルバス運行 P500台（宿泊客1泊2000円）MAP付録P20A2 ●IN 14時 OUT 12時 ●洋室378室

上・インペリアルフロアのデラックスツイン 下・建築家、フランク・ロイド・ライトのモチーフを生かしたメインロビー

上・大阪の街を一望するプレミアムビュールーム 下・38階の開放的なアトリウムラウンジ。セレブレーションプランで記憶に残る大阪の夜を

中之島

こんらっどおおさか

コンラッド大阪

大阪の夜景を一望するラグジュアリーステイ

地上約200mの天空に広がる、ヒルトングループのラグジュアリーホテル「コンラッド」。全客室が33階以上にあり、部屋からは抜群のパノラマビューが楽しめる。モダンデザインに和のテイストを取り入れた客室は、標準でも50㎡以上とゆったりとしたつくり。最新設備を備えた24時間フィットネスや屋内プール、スパなど、極上ステイを堪能できる施設が多数。

料金
平　日　7万6500円～
休　日　10万1800円～

ココがステキ！
記念日に最適なコンラッドセレブレーションプランでは、シャンパーニュやバラの花束など特典がたくさん。

☎06-6222-0111 住大阪市北区中之島3-2-4 中之島フェスティバルタワー・ウエスト 交地下鉄四つ橋線肥後橋駅から徒歩すぐ 🚌送迎なし Pフェスティバルシティと共用（30分300円）MAP付録P13C2 ●IN 15時 OUT 12時 ●洋室164室

本町

せんと れじす ほてる おおさか

セントレジス ホテル 大阪

本物のもてなしで迎えてくれるラグジュアリーホテル

NY生まれの最高級ブランド「セントレジス」の、日本で唯一のホテル。大阪中心部・御堂筋沿いに佇む。ゲスト一人一人のニーズに応えるきめ細やかなバトラーサービスは、ホテルの代名詞だ。モダンラグジュアリーなインテリアや枯山水の屋上庭園など、和洋が調和する洗練された空間も魅力。セントレジス発祥のカクテルや伝統のアフタヌーンティーなども楽しみたい。

料金
グランドデラックス
6万4515円～

ココがステキ！
エステサロンではフランスのプロフェッショナルスキンケアブランド「ソティス」によるトリートメントが受けられる。

☎06-6258-3333 住大阪市中央区本町3-6-12 交地下鉄各線本町駅から徒歩すぐ 🚌送迎なし P112台（宿泊客1泊3500円）MAP付録P12D4 ●IN 15時 OUT 12時 ●洋室160室

上・広めの客室でくつろげるグランドデラックス 下・ニューヨークを彷彿させるホテルの正面玄関

▶料金は1室2名で宿泊する場合の室料（消費税・サービス料・宿泊税を含む）です。

大阪のホテル

梅田

うぇすてぃんほてるおおさか

ウェスティンホテル大阪

温かくより上質なおもてなしの館

大阪駅近にありながら豊かな緑と、大阪屈指の夜景が心癒やすラグジュアリーホテル。和と洋の伝統美と、全室41㎡以上の快適な客室が好評。DATA☎06-6440-1111 住大阪市北区大淀中1-1-20(新梅田シティ内) 交JR大阪駅から徒歩7分 JR大阪駅から無料シャトルバス運行 P300台(宿泊客1泊2000円) MAP付録P11A2 ¥デラックスツイン平日・休日とも5万円〜 IN 15時 OUT 12時 ●洋室301室、和室2室

心斎橋

ほてるにっこうおおさか

ホテル日航大阪

駅直結、観光&ショッピングに便利

大阪観光に欠かせない道頓堀が徒歩圏内。種類豊富な朝食ブッフェもおすすめ。ユニバーサル・スタジオ・ジャパンのアライアンスホテル。

DATA☎06-6244-1111 住大阪市中央区西心斎橋1-3-3 交地下鉄各線心斎橋駅より徒歩すぐ 送迎なし P160台(宿泊客1泊2000円) MAP付録P15C2 ¥スタンダードツイン2万円〜(宿泊税別途) IN 15時 OUT 11時 ●洋室603室

梅田

ほてるぐらんゔぃあおおさか

ホテルグランヴィア大阪

駅直結の上質空間

JR大阪駅直結。最上階(27階)のラグジュアリーな特別フロアやファミリータイプなど、多彩な客室が揃う。特典付きのプランも好評。

DATA☎0570-06-1235(ナビダイヤル) 住大阪市北区梅田3-1-1 交JR大阪駅直結 送迎なし P周辺駐車場利用(宿泊客割引あり) MAP付録P11C3 ¥スタンダードツイン1万6000円〜(公式WEBサイト価格) IN 15時 OUT 12時 ●洋室726室

なんば

すいすほてるなんかいおおさか

スイスホテル南海大阪

なんば駅真上の高層くつろぎ空間

南海なんば駅上にそびえる地上36階のホテル。客室からは大阪市街の眺望を楽しめる。最上階のレストラン「テーブル36」では雲の上のダイニングを堪能。

DATA☎06-6646-1111 住大阪市中央区難波5-1-60 交南海なんば駅直結 送迎なし P324台(宿泊客1泊3300円) MAP付録P17C3 ¥スイスセレクトルーム3万7000円 IN 15時 OUT 11時 ●洋室544室、和室2室

梅田

ひるとんおおさか

ヒルトン大阪

※画像はイメージ

ファミリーにもビジネスでのご利用にも

JR大阪駅前の便利な立地。スタイリッシュな和のデザインが光るくつろぎの客室。サービス充実のエグゼクティブラウンジや5つのレストラン・カフェバー、ジムなど館内施設も充実。DATA☎06-6347-7111 住大阪市北区梅田1-8-8 交JR大阪駅から徒歩2分 送迎なし P300台(宿泊客割引あり) MAP付録P11C4 ¥ヒルトンルーム(ツイン)3万7690円〜(宿泊税別途) IN 15時 OUT 12時 ●全562室

なんば

ほてるろいやるくらしっくおおさか

ホテルロイヤルクラシック大阪

なんば駅直結のミュージアムホテル

建築家・隈研吾氏により、大阪新歌舞伎座の伝統と息吹を継承する新たなランドマークとして誕生。館内には100点を超す現代アート作品を飾る。

DATA☎06-6633-0030 住大阪市中央区難波4-3-3 交地下鉄各線なんば駅から徒歩すぐ 送迎なし P約84台(有料) MAP付録P17C3 ¥スタンダードツイン3万2000円〜 IN 15時 OUT 12時 ●洋室150室

中之島

りーがろいやるほてる

リーガロイヤルホテル

充実の滞在を約束する老舗ホテル

89年の歴史と伝統を持つ高級シティホテル。18の飲食店や約60店のショッピングアーケード、屋内プール、テイクアウトショップなど館内施設も充実。

DATA☎06-6448-1121 住大阪市北区中之島5-3-68 交京阪中之島線中之島駅直結 JR大阪駅から無料シャトルバス運行 P477台(宿泊客1泊1500円) MAP付録P13A2 ¥ツイン平日1万9000円〜、休前日2万1000円〜 IN 15時 OUT 11時 ●全1039室

阿倍野

おおさかまりおっとみやこほてる

大阪マリオット都ホテル

あべのハルカス内の国際都市型ホテル

超高層複合ビル・あべのハルカス上層階にあり、全室から見事な眺望を楽しめる。天井高約9mを誇るクラブラウンジや、フィットネスジムなど施設も充実。

DATA☎06-6628-6111 住大阪市阿倍野区阿倍野筋1-1-43 交近鉄大阪阿部野橋駅直結 送迎なし P28台(宿泊客1泊3000円) MAP付録P18D4 ¥スーペリアダブル、またはツイン5万7000円〜 IN 15時 OUT 12時 ●洋室360室

 駅近 禁煙ルームあり 朝食ブッフェあり リラクゼーション施設(料金別) インターネット(客室回線無料または共用のPCあり)

ユニバーサル・スタジオ・ジャパンのオフィシャルホテル

ユニバーサルシティ

ほてるけいはん ゆにばーさる・たわー

ホテル京阪 ユニバーサル・タワー

エリア内最高層！ 煌く夜景を満喫

31階の天然展望温泉では、絶景を望む贅沢な時間が楽しめる。季節のビュッフェが味わえる最上階のスカイレストランも人気だ。

DATA ☎06-6465-1001 住大阪市此花区島屋6-2-45 交JRユニバーサルシティ駅から徒歩すぐ 送迎なし P158台（有料）MAP付録P22B2 ¥スーペリアツイン1万6800円～（宿泊税別途、食事なし）🕒IN 15時 OUT 11時 ●洋室641室

ざしんぎゅらり ほてる あんど すかいすぱ あっと ゆにばーさる・すたじお・じゃぱん

ザ シンギュラリ ホテル & スカイスパ アット ユニバーサル・スタジオ・ジャパン

スカイスパを備えた快適ホテル

洗練された大人な客室はくつろぎ度満点。展望露天風呂や和洋の朝食バイキングなど楽しみがたくさん。 DATA ☎06-4804-9500 住大阪市此花区島屋6-2-25 交JRゆめ咲線ユニバーサルシティ駅からすぐ 送迎なし P120台（1泊13時～翌13時 2400円）MAP付録P22B2 ¥エグゼクティブソファツイン平日1万円～、休前日1万6000円～ 🕒IN 15時 OUT 11時 ●洋室390室

ユニバーサルシティ

おりえんたるほてる ゆにばーさる・してぃ

オリエンタルホテル ユニバーサル・シティ

大自然を彷彿させる寛ぎのホテル

客室、ロビー、レストランなど、各所に緑を配し、自然を感じさせる装いが魅力。コネクティングルームにできる部屋もあり、家族やグループでゆっくりと過ごすのにうってつけのホテル。

DATA ☎0570-051-153（オリエンタルホテルズ&リゾーツリザベーションデスク）住大阪市此花区島屋6-2-78 交JRユニバーサルシティ駅から徒歩2分 送迎なし P42台（宿泊客24時間3000円）MAP付録P22B1 ¥モデレートダブル（2名利用）2万3000円～ 🕒IN 15時 OUT 11時 ●洋室330室

▲モデレートツイン2万9000円～（朝食付き）。朝食ブッフェはシェフが目の前でパティを焼くハンバーガーや、エッグベネディクトなどが手の込んだメニューが並ぶ

ユニバーサルシティ

ほてるきんてつゆにばーさる・してぃ

ホテル近鉄ユニバーサル・シティ

2023年7月に館内全面リニューアル！

パークまで徒歩1分！ 家族やグループ向き4名定員の客室もあり、コラボレーションルーム、スタジオビュールームも人気。DATA ☎06-6465-6000 住大阪市此花区島屋6-2-68 交JRユニバーサルシティ駅からすぐ 送迎なし P52台（宿泊客入庫から24時間3000円）MAP付録P22B2 ¥カジュアルルーム（2名利用）平日1万7200円～、休前日3万1200円～（サービス料なし）🕒IN 15時 OUT 11時 ●洋室456室

ユニバーサルシティ

ほてる ゆにばーさる ぽーと

ホテル ユニバーサル ポート

驚きと遊び心満載のホテル

フロントの巨大水槽、迫力の巨大恐竜のスケルトンが飾られたラウンジなど、楽しい演出が多数。パークとコラボした3タイプのミニオンルームが大人気。

DATA ☎06-6463-5000 住大阪市此花区桜島1-1-111 交JRユニバーサルシティ駅から徒歩3分 送迎なし P143台（宿泊客1泊3000円）MAP付録P22B2 ¥スタンダード・ツイン平日1万8000円～（変動制、宿泊税別途）🕒IN 15時 OUT 11時 ●洋室600室

ユニバーサルシティ

ざぱーく ふろんと ほてる あっと ゆにばーさる すたじお じゃぱん

ザ パーク フロント ホテル アット ユニバーサル・スタジオ・ジャパン

パークに一番近いオフィシャルホテル

パークのメインゲート正面に位置する。館内随所にイルミネーションや、SNS映えフォトスポットを設え、非日常の世界が広がるよう。DATA ☎06-6460-0109 住大阪市此花区島屋6-2-52 交JRユニバーサルシティ駅から徒歩すぐ 送迎なし P109台（宿泊客1泊3500円）MAP付録P22B2 ¥スタンダードシティビュールーム2万6000円～（税サ別）🕒IN 15時 OUT 12時 ●洋室590室、和室8室

ユニバーサルシティ

ほてる ゆにばーさる ぽーと ヴぃーた

ホテル ユニバーサル ポート ヴィータ

心弾む14種の多彩な客室

ロビーやエントランスでは、パークとコラボし、一体となった空間づくりを展開。2段ベッドを配した部屋やメゾネットタイプなど多彩な客室がそろう。

DATA ☎06-6460-8000 住大阪市此花区島屋6-1-16 交JRゆめ咲線ユニバーサルシティ駅から徒歩2分 送迎なし P118台（1泊3000円）MAP付録P22B2 ¥スーペリアツイン1万9000円～（変動制、宿泊税別途）🕒IN 15時 OUT 11時 ●洋室428室

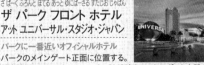

※料金は特記以外1室2名で宿泊する場合の室料（消費税・サービス料・宿泊税を含む）です。

交通インフォメーション

大阪への交通

目的地まではどう行こう? 目的地内での移動はどうしよう?
出発地と旅のスタイルにピッタリの交通手段を選んでみよう。

鉄道 -RAIL-

▶仙台・東京・名古屋・広島・高松・福岡から

出発	路線	所要時間・運賃・本数	到着
仙台駅	新幹線はやぶさ → 東京駅 → 新幹線のぞみ	4時間 2万3050円 / 1時間に1～3本	新大阪駅
東京駅	新幹線のぞみ	2時間29分 1万4720円 7～30分ごと	新大阪駅
名古屋駅	新幹線のぞみ	50分 6680円 7～46分ごと	新大阪駅
広島駅	新幹線のぞみ・みずほ	1時間25分 1万950円 1時間に1～5本	新大阪駅
高松駅	快速マリンライナー → 岡山駅 → 新幹線のぞみ・みずほ	1時間50分 8210円 / 1時間に1～2本	新大阪駅
博多駅	新幹線のぞみ・みずほ	2時間30分 1万6020円 1時間に1～4本	新大阪駅

▶金沢から

出発	路線	所要時間・運賃・本数	到着
金沢駅	新幹線かがやき・つるぎ → 敦賀駅 → 特急サンダーバード	2時間9分 未定 / 1時間に1～2本	大阪駅

航空 -AIR-

出発	航空会社	所要時間・便数	到着
羽田空港	ANA・JAL	1時間10分 1日30便 ※成田空港発着のANA・JAL便もある。	大阪空港(伊丹)
福岡空港	ANA・JAL・IBX	1時間05分 1日10便 ※関西空港発着のAPJ便もある。	大阪空港(伊丹)
羽田空港	ANA・JAL・SFJ	1時間25分 1日12便 ※成田空港発着のAPJ・JJP便もある。	関西空港
新千歳空港	ANA・JAL・APJ・JJP	2時間20分 1日10便 ※大阪(伊丹)空港発着のANA・JAL便もある。	関西空港
那覇空港	ANA・JTA・APJ・JJP	1時間55分 1日10便 ※大阪(伊丹)空港発着のANA・JAL便もある。	関西空港

<空港アクセス>

大阪の空の玄関は、大阪空港(伊丹)と関西空港。
航空会社によって発着地が異なり、市内へのアクセスも大きく違う。

出発	路線	所要時間・運賃・本数	到着
大阪空港(伊丹)	阪急観光バス・阪神バス	約30分 650円 ほぼ10分ごと	梅田(大阪駅前)

※便によって梅田の降車場は大阪マルビル、新阪急ホテル、ハービス大阪になる。

出発	路線	所要時間・運賃・本数	到着
大阪空港駅	大阪モノレール線 → 蛍池駅 → 阪急宝塚線	3分 200円 / 13～17分 240円	大阪梅田駅
関西空港駅	JR特急「はるか」	約35分 2370円 30～60分ごと	天王寺駅
関西空港駅	南海電鉄特急「ラピート」	約40分 1490円 ほぼ30分ごと	南海難波駅
関西空港	阪急観光バス・関西空港交通・阪神バス	約1時間 1600円 ほぼ15分ごと	梅田(大阪駅前)

※梅田の降車場は新阪急ホテル、ハービス大阪

高速バス -BUS-

▶東京・新宿から

出発	路線	所要時間・運賃・便数	到着
東京駅八重洲南口	JRバス関東「グランドリーム号」ほか	8時間29～36分 3300～2万2500円 1日13～19便	大阪駅JR高速BT

▶金沢から

出発	路線	所要時間・運賃・便数	到着
金沢駅	西日本JRバス「百万石ドリーム大阪」ほか	6時間2分～7時間24分 2700～9000円 あわせて1日3便	大阪駅

▶名古屋から(昼行便)

出発	路線	所要時間・運賃・便数	到着
名古屋駅新幹線口	JR東海バス「名神ハイウェイバス」ほか	2時間55分 3100円 1日9～13便	大阪駅JR高速BT

▶広島から(夜行便)

出発	路線	所要時間・運賃・便数	到着
広島駅新幹線口	中国JRバス「広島ドリーム大阪号」ほか	7時間45分 4500～9500円 1日1便	大阪駅

▶高松から

出発	路線	所要時間・運賃・便数	到着
高松駅	JR四国バス「高松エクスプレス大阪号」ほか	3時間31～54分 3800～4500円 あわせて1時間1～2便	大阪駅JR高速BT

▶福岡から(夜行便)

出発	路線	所要時間・運賃・便数	到着
博多BT	ウィラー「ウィラーエクスプレス」	9時間20分～10時間20分 4400円～ 1日3便	WBT大阪梅田

プランニングヒント
バスの運賃は曜日や繁忙・閑散の季節で変動する。また、運行会社によっても運賃が異なるので、申込み前に各社のサイトで確認を。

※航空のねだんは、搭乗日、利用する便や航空会社の空席予測などで変わります。詳しくは、各社の公式WEBサイトでご確認ください。

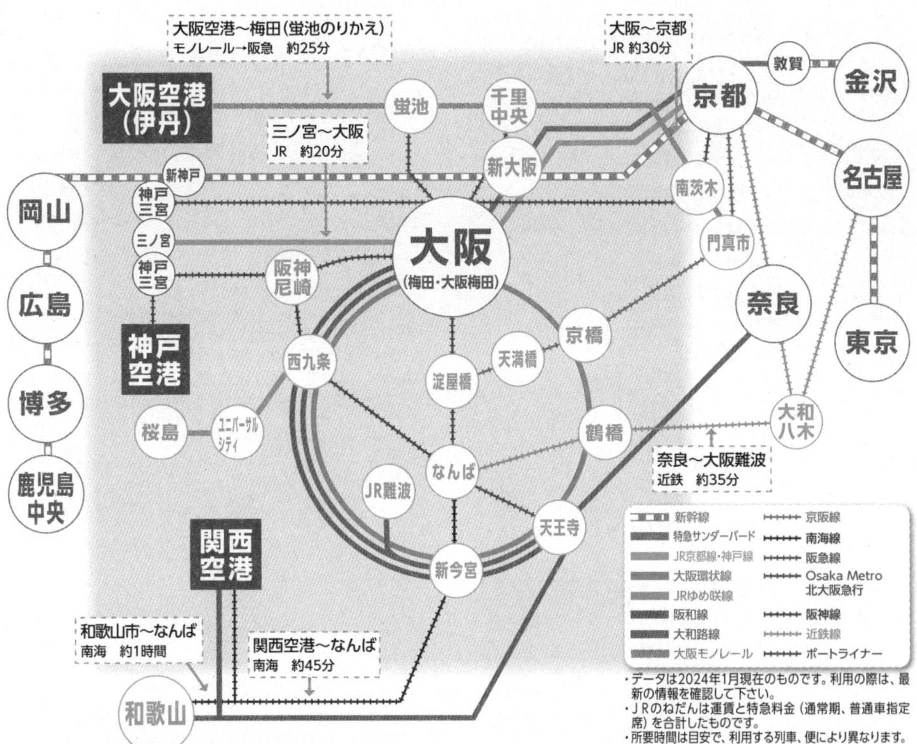

・データは2024年1月現在のものです。利用の際は、最新の情報を確認して下さい。
・ＪＲのねだんは運賃と特急料金（通常期、普通車指定席）を合計したものです。
・所要時間は目安で、利用する列車、便により異なります。

大阪へのおトクな情報

EX早特21ワイド（JR東海・JR西日本）

東京・品川駅⇔新大阪駅　1万2370円
新横浜駅⇔新大阪駅　1万2030円

乗車21日前までの予約で、「のぞみ」の普通車指定席が割引になる「EX早特21ワイド」がお得。座席数限定で、指定列車以外への乗車はできない。年末年始やGW、お盆には利用できない日がある。予約後の変更も可能（但し、差額は必要）。ネット予約サービス「スマートEX」のサイトから、会員登録とクレジットカードの登録をすると、年会費無料で気軽に利用できる。手持ちの交通系ICカードでも乗車できる。

e5489

JR西日本のネット予約サービスだが、山陽・九州新幹線（新大阪駅～鹿児島中央駅）、北陸新幹線、西九州新幹線とJR西日本、JR四国、JR九州エリアの特急列車（一部の快速列車を含む）、ユニバーサル・スタジオ・ジャパンきっぷなどが予約・購入できる。会員登録は無料。パソコンやスマートフォンから予約する。予約の変更も可能。受け取りは、「みどりの窓口」や5489の表示がある券売機からできる。支払いは、クレジットカードのほか、駅やコンビニで可能。
詳しくは、https://www.jr-odekake.net/goyoyaku/e5489/へ。

問合せ

航空

ANA（全日空）☎570-029-222
JAL（日本航空）☎0570-025-071
JTA（日本トランスオーシャン航空）☎0570-025-071
IBX（IBEXエアラインズ）☎0570-057-489
SFJ（スターフライヤー）☎0570-07-3200
APJ（ピーチ）☎0570-001-292
JJP（ジェットスター・ジャパン）☎0570-550-538

高速バス

JRバス関東（高速バス案内センター）☎0570-048905
ウィラー　☎0570-200-770
JR東海バス（コールセンター）☎0570-048939
中国JRバス（予約センター）☎0570-666-012
JR四国バス（高松）☎087-825-1657

高速バスオンライン予約サイト

●発車オ～ライネット
https://secure.j-bus.co.jp/
●ハイウェイバスドットコム
https://www.highwaybus.com/
●高速バスネット（JR バス系）
https://www.kousokubus.net/
●ウィラー
https://travel.willer.co.jp

大阪市内のアクセス

市内を縦横無尽に走る地下鉄と中心部を囲むように走るJR大阪環状線が観光には便利。

地下鉄を乗りこなして

大阪市内は「キタ」と呼ばれる梅田地区と、「ミナミ」と呼ばれる難波・天王寺地区の大きく2つのエリアに分けられる。市内のアクセスは各々の中心から地下鉄を利用するのがメインとなり、場所によってはJR大阪環状線を利用しよう。

地下鉄のキホンは御堂筋線

大阪は東京に続き日本で2番目に地下鉄が開通した都市。現在、8路線の地下鉄が運行されている。新大阪駅からキタの中心・梅田、ミナミの中心・なんば、さらに天王寺を結んでいる御堂筋線がメインの路線で、観光にも便利。

JRのキホンは大阪環状線

大阪駅、天王寺駅を通り大阪をぐるっと一周している。大和路線、阪和線への直通電車も多く、一部の列車は快速運転を行う。京橋駅(京阪)、鶴橋駅(近鉄)、新今宮駅(南海)、西九条駅(阪神)など、私鉄との乗り換え駅も多い。

ユニバーサル・スタジオ・ジャパンへの行き方

JRゆめ咲線ユニバーサルシティ駅が最寄り駅。新大阪駅からはJR京都線、環状線内回り、ゆめ咲線を大阪駅と西九条駅で乗り継いで約15分。乗り換え時間を含めて所要約30分は見ておきたい。午前中と夕方は大阪駅からユニバーサルシティ駅への直通が、約15分おきにある。

エリア内のおトクなきっぷ

1日乗車券「エンジョイエコカード」(大阪メトロ)

820円(土曜・日曜、祝日は620円)

地下鉄・ニュートラム・大阪シティバス(※1)が1日乗り降り自由。市内約30の観光施設で割引が受けられる。
地下鉄各駅などで発売。

大阪周遊パス

大阪エリア版　1日券2800円／2日券3600円

地下鉄・ニュートラム・大阪シティバス(※1)が1日乗り降り自由で、1日券は大阪エリアの私鉄(阪急・阪神・近鉄・南海・京阪)指定区間も乗り放題(2日券は私鉄には乗れない)。約40以上の観光施設を無料で利用でき、その他の観光施設やレストラン、ショップでの特典もある。地下鉄各駅、大阪観光案内所(JR大阪駅)、難波観光案内所(南海なんば駅)などで発売。2024年4月以降の発売については要確認。

問合せ
●大阪メトロ・大阪シティバス　☎06-6582-1400

(※1)大阪シティバスのIKEA行き、ユニバーサル・スタジオ・ジャパン行き、空港バスでは利用できない

水都・大阪ならではの水上交通

大阪は水の都。市内に張り巡らされた運河(川)には水上バスが運航されている。水路を利用した周遊観光や移動手段として、大阪ならではの交通を体験しよう。運航日、運航状況は要確認を。

アクアライナー　1600円

大阪城・中之島めぐり(毎日運航)
大阪城港〜淀屋橋港〜八軒家浜船着場〜大阪城港
<所要40分／大阪城港発10:15〜16:15の間>
問合せ:大阪水上バス　☎0570-03-5551
のりば:[大阪城港]JR大阪城公園駅から徒歩3分、地下鉄長堀鶴見緑地線大阪ビジネスパーク駅から徒歩5分

水都号アクアmini　1200円

大阪城・道頓堀コース(期間限定)
大阪城港〜太左衛門橋船着場
<所要片道40分>
※湊町・太佐衛門船着場の時刻、途中の乗下船、運行期間など、詳しくはお問い合わせください。
問合せ:大阪水上バス　☎0570-03-5551

落語家と行く なにわ探検クルーズ　3500円

中之島一周コース
タグボート大正〜安治川〜堂島川〜大川〜土佐堀川〜木津川〜タグボート大正
<所要90分／タグボート大正発12:00と14:00>
※このほかに、ユニバーサルシティ発「川のゆめ咲線 中之島一周コース」(10:00発所要90分)の運航もある。
のりば:「タグボート大正」地下鉄長堀鶴見緑地線ドーム前千代崎駅から徒歩2分JR大正駅から徒歩5分
問合せ:一本松海運　☎06-6441-0532
のりば:「ユニバーサルシティポート」JRユニバーサルシティ駅から徒歩5分

2階建てオープンデッキバスが登場!

バスガイドの案内を聞きながら大阪市内の観光スポットを巡り、車中からのダイナミックな景色や開放感を楽しめる。

OSAKA SKY VISTA　2000円

北:うめだルート／1日1便　所要1時間
大阪駅JR高速BT〜梅田スカイビル〜お初天神〜造幣局〜大阪城〜大阪歴史博物館〜川の駅 はちけんや〜大阪市役所〜日本銀行〜中之島フェスティバルタワー〜大阪駅JR高速BT

南:なんばルート／1日2便　所要1時間
大阪駅JR高速BT〜大阪市役所〜日本銀行〜御堂筋〜道頓堀〜でんでんタウン〜通天閣〜あべのハルカス〜四天王寺〜谷町〜中之島フェスティバルタワー〜梅田スカイビル〜グランフロント大阪〜大阪駅JR高速BT

※途中乗降不可。但し、うめだルートの川の駅 はちけんや、なんばルートのあべのハルカスのみ降車可。
※予約・購入場所=大阪駅JR高速バスターミナル チケットセンター
問合せ:西日本JRバス予約センター
☎0570-00-2424(10:00〜19:00)

エリア間移動ガイド

市内を縦横無尽に走る地下鉄と中心部を囲むように走る JR 大阪環状線が観光には便利。鉄道路線図（付録 P23）が強い味方。

出発地／目的地	大阪駅・梅田	心斎橋	なんば	新世界・あべの	海遊館・天保山	ユニバーサル・スタジオ・ジャパン
大阪駅・梅田		梅田駅 ▼Osaka Metro 御堂筋線…6分 心斎橋駅 240円	梅田駅 ▼Osaka Metro 御堂筋線…8分 なんば駅 240円	梅田駅 ▼Osaka Metro 御堂筋線…13分 動物園前駅 240円	梅田駅 ▼Osaka Metro 御堂筋線…4分 本町駅 ▼Osaka Metro 中央線…11分 大阪港駅 290円	大阪駅 ▼JR大阪環状線・ゆめ咲線…直通15分 ユニバーサルシティ駅 190円
心斎橋	心斎橋駅 ▼Osaka Metro 御堂筋線…6分 梅田駅 240円		心斎橋駅 ▼Osaka Metro 御堂筋線…1分 なんば駅 190円	心斎橋駅 ▼Osaka Metro 御堂筋線…6分 動物園前駅 240円	心斎橋駅 ▼Osaka Metro 御堂筋線…2分 本町駅 ▼Osaka Metro 中央線…11分 大阪港駅 290円	心斎橋駅 ▼Osaka Metro長堀鶴見緑地線…7分 大正駅 ▼JR大阪環状線…5分 西九条駅 ▼JRゆめ咲線…5分 ユニバーサルシティ駅 380円
なんば	なんば駅 ▼Osaka Metro 御堂筋線…9分 梅田駅 240円	なんば駅 ▼Osaka Metro 御堂筋線…1分 心斎橋駅 190円		なんば駅 ▼Osaka Metro 御堂筋線…4分 動物園前駅 190円	なんば駅 ▼Osaka Metro 千日前線…5分 阿波座駅 ▼Osaka Metro 中央線…9分 大阪港駅 290円	大阪難波駅 ▼阪神なんば線…8分 西九条駅 ▼JRゆめ咲線…5分 ユニバーサルシティ駅 390円
新世界・あべの	動物園前駅 ▼Osaka Metro 御堂筋線…14分 梅田駅 240円	動物園前駅 ▼Osaka Metro 御堂筋線…6分 心斎橋駅 240円	動物園前駅 ▼Osaka Metro 御堂筋線…4分 なんば駅 190円		恵美須町駅 ▼Osaka Metro 堺筋線…5分 堺筋本町駅 ▼Osaka Metro 中央線…13分 大阪港駅 290円	新今宮駅 ▼JR大阪環状線…10分 西九条駅 ▼JRゆめ咲線…5分 ユニバーサルシティ駅 190円
海遊館・天保山	大阪港駅 ▼Osaka Metro 中央線…11分 本町駅 ▼Osaka Metro 御堂筋線…5分 梅田駅 290円	大阪港駅 ▼Osaka Metro 中央線…11分 本町駅 ▼Osaka Metro 御堂筋線…2分 心斎橋駅 290円	大阪港駅 ▼Osaka Metro 中央線…9分 阿波座駅 ▼Osaka Metro 千日前線…5分 なんば駅 290円	大阪港駅 ▼Osaka Metro 中央線…13分 堺筋本町駅 ▼Osaka Metro 堺筋線…5分 恵美須町駅 290円		海遊館西はとば（天保山） ▼船（キャプテンライン）…10分 ユニバーサルシティポート 900円
ユニバーサル・スタジオ・ジャパン	ユニバーサルシティ駅 ▼JRゆめ咲線・大阪環状線…直通15分 大阪駅 190円	ユニバーサルシティ駅 ▼JRゆめ咲線…5分 西九条駅 ▼JR大阪環状線…5分 大正駅 ▼Osaka Metro長堀鶴見緑地線…7分 心斎橋駅 380円	ユニバーサルシティ駅 ▼JRゆめ咲線…5分 西九条駅 ▼阪神なんば線…9分 大阪難波駅 390円	ユニバーサルシティ駅 ▼JRゆめ咲線…5分 西九条駅 ▼JR大阪環状線…9分 新今宮駅 190円	ユニバーサルシティポート ▼船（キャプテンライン）…10分 海遊館西はとば（天保山） 900円	

大阪の知っておきたいエトセトラ

活気ある庶民文化が息づく街、大阪。
水辺に繰り広げられる季節ごとの風景も見逃さずに。

市場・専門店街

「天下の台所」といわれた日本経済の中心、大阪。市場やマーケットの活気に圧倒されそう…!?
※🕒休は店舗によって異なります。

黒門市場

江戸後期から続く「ナニワの台所」。約580mの通りに鮮魚をはじめ青果、食料、衣料品店など約150店舗がつらなる。料理人のほか主婦、観光客も多い。(→P76)
☎06-6631-0007 交地下鉄堺筋線・千日前線日本橋駅から徒歩すぐ MAP付録P16F2～F4

鶴橋商店街

鶴橋駅周辺には焼肉店、韓国食材店が集まり、さらに細い路地が続く。昔ながらの市場ムードに観光客も多い。
☎06-6976-6931(鶴橋商店街振興組合) 交JR大阪環状線・近鉄・地下鉄千日前線鶴橋駅すぐ MAP付録P18F1

「まっちゃまち」玩具商店街

松屋町筋沿いの両側に伸びる問屋街が、通称まっちゃまち。人形店をはじめ花火やクリスマス用品、懐かしの駄菓子屋系おもちゃなど、小売OKの店が多い。
交地下鉄長堀鶴見緑地線松屋町駅からすぐ MAP付録P14E1

船場センタービル

1～10号館まで東西に長く続くビル内には、繊維問屋をはじめ、ファッション、グルメなど600店以上が揃う。2020年に開館50年を記念して制作された、3～4号館連絡通路の巨大アートも見ものだ。
☎06-6281-4500(代) P450台 交地下鉄各線本町駅から直結 MAP付録P12E4～P13C4

日本橋(でんでんタウン)

アニメ、フィギュア、パソコンなどのショップが集中、関西随一のポップカルチャー発信地。外国人観光客も多く、インバウンドの街としても活気がみなぎっている。
☎06-6655-1717(日本橋総合案内所) 交地下鉄堺筋線恵美須町駅1B出口から徒歩3分 MAP付録P19C1～C2

祭・縁日

日本三大祭のひとつ天神祭のほか、年初めの願掛け、初夏の神事など大阪の一年には祭が欠かせません。

1月9～11日 十日戎(えべっさん)<今宮戎神社>

年初に商いの神えびす様にお参りする祭り。「商売繁盛じゃ笹もってこい」のお囃子が響き、福笹を持つ参拝者で賑わう。
☎06-6643-0150 (→P78参照) MAP付録P19B2

1月14日 四天王寺どやどや<和宗総本山 四天王寺>

元日から続く修正会の結願日の法要。紅白のふんどしに鉢巻姿の学生たちが御札を争奪する。日本三大奇祭のひとつ。
☎06-6771-0066 (→P91参照) MAP付録P18D2

6月14日 御田植神事<住吉大社>

稲の豊作を祈る行事は各地にあるが、住吉大社では古来の格式を守っている。童女による「住吉踊」・「田植踊」は有名。
☎06-6672-0753 (→P122参照) 交阪堺電軌住吉鳥居前駅からすぐ MAP付録P2C5

7月24・25日 天神祭<大阪天満宮>

水都・大阪の夏祭りの代表格。日本三大祭のひとつで、一千年の歴史を誇る。船渡御や奉納花火がみどころ。
☎06-6353-0025 (→P106参照) MAP付録P8F4

毎月21・22日 大師会(だいしえ)・太子忌(たいしき)<和宗総本山 四天王寺>

弘法大師の月命日と聖徳太子の月命日。縁日が催され、特に21日には境内に300軒あまりが出店。
☎06-6771-0066 (→P91参照) MAP付録P18D2

お花見

歴史スポットも、水辺の憩いスポットも、桜の時期ならではの表情を見せてくれるのが楽しみ。

4月中旬

造幣局 桜の通り抜け

明治16(1883)年以来、桜の開花時期に限り構内の通路を開放。約140種・340本の桜の並木は例年4月中旬ごろが見ごろ。

☎050-3615-6332(サポートダイヤル)交JR大阪天満宮駅から徒歩15分 MAP付録P20A2

3月下旬～4月上旬ごろ

SAKURA EXPO 2024

写真提供:大阪府

一部期間で開園を～21時まで延長（入園は～20時30分）。ライトアップなど、様々なイベントを開催する。

☎06-6877-7387（万博記念公園コールセンター※P116参照）MAP付録P3C1

3月下旬～4月上旬

大川さくらクルーズ

桜の開花に合わせて始まる期間限定クルーズ。大川沿いの無数の桜を水上から眺めながら、ゆったりとしたお花見を楽しむことができる。

☎06-6942-5511（大阪水上バス）交京阪本線、地下鉄谷町線天満橋駅から徒歩すぐ MAP付録P20A3

3月下旬～4月上旬

毛馬(けま)桜之宮公園

©(公財)大阪観光局

その名のとおり、市内屈指の桜の名所。毛馬橋から天満橋まで、大川の両岸約4㎞には約4800本の桜並木が。

北区側☎06-6312-8121（扇町公園事務所）、都島区側☎06-6912-0650（鶴見緑地公園事務所）交JR桜ノ宮駅から徒歩すぐ MAP付録P20A1～B3

イルミネーション

水辺を中心に、公園や街中で多彩なデザインと光が花開く。なかでも「大阪・光の饗宴」は最大規模。

大阪・光の饗宴

OSAKA光のルネサンス ※画像はイメージです ©大阪・光の饗宴実行委員会

御堂筋イルミネーション ※画像はイメージです ©大阪・光の饗宴実行委員会

大阪のイルミネーションといえばこれ！ OSAKA光のルネサンスと御堂筋イルミネーションを中心に、大阪が美しい光で彩られる。

海遊館イルミネーション

天保山の冬の風物詩。海遊館の人気ものにちなんだオブジェ、メインツリー、多彩なモニュメントが点灯。ファンタジックな海の世界へ誘ってくれる。

☎06-6576-5501（→P114参照）MAP付録P22A4 ※写真はイメージ

イルミナイト万博

毎年恒例、万博記念公園のクリスマスイベント。太陽の塔が多彩なデザインのライトアップで照らされる様子は圧巻！ 太陽の広場全体が、幻想的な光のアートに包まれる。

☎06-6877-7387（万博記念公園コールセンター※P116参照）MAP付録P3C1

乗りもの

観光の移動手段だけでなく、乗り物観光を楽しんでみれば、ひととき大阪の住民になれるかも…。

阪堺電軌

大阪唯一の路面電車。昔ながらの狭い街区を走る姿が印象的。通天閣がそびえる恵美須町駅が起点の阪堺線と、上町線の2線がある。

☎06-6671-3080

渡船（天保山渡船場）

大阪市営の渡船場が8カ所あり、無料で地域の人々の生活の足となっている。代表的なのは天保山渡船場、千歳渡船場など。運航時刻は渡船ごとに異なるが概ね日中15～30分間隔。

☎06-6571-5919（天保山渡船場）交地下鉄中央線大阪港駅またはJRゆめ咲線桜島駅から徒歩10分 MAP付録P22B3

UMEGLE-BUS

北は茶屋町、南はJR北新地駅まで、梅田エリアを巡回する便利なバス。停留所はJR大阪駅、グランフロント大阪、阪急大阪梅田駅など計12箇所。

🕒8時5分～19時13分（土・休日は10時20分～18時33分、運行間隔約15～20分）¥1回乗車100円（小人50円）、1日乗車券200円（小人100円）

https://www.hankyubus.co.jp/rosen/pdf/umegle.pdf

新世界観光(しんせかいかんこう) 人力車(じんりきしゃ) 俥天力(しゃてんりき)

新世界で運行する、大阪でも珍しい観光人力車。通天閣周辺を遊覧できる（コースは10分間～）。乗降場所は「横綱通天閣店」前。

🕒10時～17時30分（時期により～17時）¥1人2000円～、2人3000円～ MAP付録P19C3

INDEX さくいん

観光見どころ　寺院　神社　プレイスポット　レストラン・食事処・居酒屋　カフェ・喫茶　みやげ店・ショップ　宿泊施設

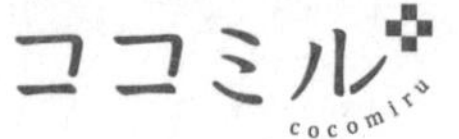

大阪
関西❷

2024年3月15日初版印刷
2024年4月1日初版発行

編集人：米谷奈津子
発行人：盛崎宏行
発行所：JTBパブリッシング
〒135-8165
東京都江東区豊洲5-6-36 豊洲プライムスクエア11階

編集・制作：情報メディア編集部
編集デスク：梅谷明香
編集スタッフ：中村紘
編集・取材：C&E／ビッグアップル・プロデュース
(中谷晶子／西村航／﨑山由佳子／黒田裕子)
パーソナル企画(山本裕子／森岡歩美／長谷川ゆかり)
佐川印刷／西村千佳／林真央／福尾梢／細野順子／李宗和
水梨由佳／本多美也子／小林しのぶ／安田敦子／江口美佳

アートディレクション：APRIL FOOL Inc.
表紙デザイン：APRIL FOOL Inc.
本文デザイン：APRIL FOOL, Inc.
スタジオギブ／東画コーポレーション(三沢智広)
イラスト：平澤まりこ
撮影・写真：大森泉／貝原弘次／清家洋／武田憲久
土本美樹／中西真誠／李 宗和／富山栄一郎／直江泰治
松本朋也／関係各市町村観光課・観光協会
モデル：gram(山名かれん)
地図：ゼンリン／千秋社／ジェイ・マップ
組版・印刷所：佐川印刷

編集内容や、商品の乱丁・落丁の
お問合せはこちら

JTB パブリッシング お問合せ

https://jtbpublishing.co.jp/
contact/service/

本書に掲載した地図は以下を使用しています。
測量法に基づく国土地理院長承認(使用)R 5JHs 167-141号
測量法に基づく国土地理院長承認(使用)R 5JHs 168-061号

●本書掲載のデータは2024年1月末日現在のものです。発行後に、料金、営業時間、定休日、メニュー等の営業内容が変更になることや、臨時休業等で利用できない場合があります。また、各種データを含めた掲載内容の正確性には万全を期しておりますが、お出かけの際には電話等で事前に確認・予約されることをお勧めいたします。なお、本書に掲載された内容による損害賠償等は、弊社では保障いたしかねますので、予めご了承くださいますようお願いいたします。●本書掲載の商品は一例です。売り切れや変更の場合もありますので、ご了承ください。●本書掲載の料金は消費税込みの料金ですが、変更されることがありますので、ご利用の際はご注意ください。入園料などで特記のないものは大人料金です。●定休日は、年末年始・お盆休み・ゴールデンウィークを省略しています。●本書掲載の利用時間は、特記以外原則として開店(館)～閉店(館)です。オーダーストップや入店(館)時間は通常閉店(館)時刻の30分～1時間前ですのでご注意ください。●本書掲載の交通表記における所要時間はあくまでも目安ですのでご注意ください。●本書掲載の宿泊料金は、原則としてシングル・ツインは1室あたりの室料です。1泊2食、1泊朝食、素泊に関しては、1室2名で宿泊した場合の1名料金です。料金は消費税、サービス料込みで掲載しています。季節や人数によって変動しますので、お気をつけください。●本誌掲載の温泉の泉質・効能等は、各施設からの回答をもとに原稿を作成しています。

本書の取材・執筆にあたり、
ご協力いただきました関係各位に厚くお礼申し上げます。

おでかけ情報満載 https://rurubu.jp/andmore/

233228 280142
ISBN978-4-533-15739-4 C2026

2404